"中国劳模"系列丛书

# 六尺铣床前的良师巧匠：
# 崔立刚

赵天赐 / 著

吉林出版集团股份有限公司
全国百佳图书出版单位

**图书在版编目（CIP）数据**

六尺铣床前的良师巧匠：崔立刚 / 赵天赐著. --
长春：吉林出版集团股份有限公司，2023.4
（"中国劳模"系列丛书）
ISBN 978-7-5731-3076-1

Ⅰ.①六… Ⅱ.①赵… Ⅲ.①崔立刚－传记 Ⅳ.
①K826.16

中国国家版本馆CIP数据核字(2023)第039614号

LIU CHI XICHUANG QIAN DE LIANGSHI QIAOJIANG：CUI LIGANG
**六尺铣床前的良师巧匠：崔立刚**

| | | |
|---|---|---|
| 著　　者 | 赵天赐 | |
| 组稿统筹 | 东北师范大学文学院创意写作研究中心 | |
| 撰写指导 | 余　弓 | |
| 责任编辑 | 宫志伟　杨亚仙 | |
| 装帧设计 | 李　鑫 | |

| | | |
|---|---|---|
| 出　　版 | 吉林出版集团股份有限公司 | |
| 发　　行 | 吉林出版集团社科图书有限公司 | |
| 地　　址 | 吉林省长春市南关区福祉大路5788号　邮编：130118 | |
| 印　　刷 | 唐山富达印务有限公司 | |
| 电　　话 | 0431-81629711（总编办） | |
| 抖 音 号 | 吉林出版集团社科图书有限公司　37009026326 | |

| | |
|---|---|
| 开　　本 | 710 mm×1000 mm　1 / 16 |
| 印　　张 | 8 |
| 字　　数 | 82 千字 |
| 版　　次 | 2023 年 4 月第 1 版 |
| 印　　次 | 2023 年 4 月第 1 次印刷 |

| | |
|---|---|
| 书　　号 | ISBN 978-7-5731-3076-1 |
| 定　　价 | 40.00 元 |

如有印装质量问题，请与市场营销中心联系调换。0431-81629729

　　劳动创造财富，劳动创造幸福，劳动创造未来。习近平总书记在2020年全国劳动模范和先进工作者表彰大会上的讲话中指出："全社会要崇尚劳动、见贤思齐，加大对劳动模范和先进工作者的宣传力度，讲好劳模故事、讲好劳动故事、讲好工匠故事，弘扬劳动最光荣、劳动最崇高、劳动最伟大、劳动最美丽的社会风尚。"当今世界，综合国力的竞争归根到底是科技人才和高素质劳动者的竞争。改革开放以来，我们强大的工人队伍用辛勤劳动和拼搏奉献推动中国制造、中国智造、中国创造走向世界的前列，新时代的中国面貌日新月异。大力弘扬劳模精神、劳动精神、工匠精神，加强高素质技能人才队伍建设，打造一支宏大的知识型、技能型、创新型劳动者队伍是伟大时代赋予我们的历史责任。

　　劳动模范是民族的精英、人民的楷模，是共和国的功臣。自改革开放以来，广大职工勇立改革潮头，独立自主，奋发图强，勇于创新，其中涌现出一批批全国劳模和大国工匠，他们参与建设了代表中国高度、中国速度、中国深度的一系列重大工程，提升了国家实力，打造了"中国名片"，树立了"中国品牌"，增添了"中国力量"，充分释放出工人阶级的创新活力，展示出大国工匠强大的创造能力。他们以工人阶级的满腔热忱在各自平凡的工作岗位上创造了辉煌的业绩，书写了新时代的壮丽篇章。

爱岗敬业、争创一流、艰苦奋斗、勇于创新、淡泊名利、甘于奉献的劳模精神，崇尚劳动、热爱劳动、辛勤劳动、诚实劳动的劳动精神和执着专注、精益求精、一丝不苟、追求卓越的工匠精神，是广大劳动群众在社会生产实践中锤炼形成的弥足珍贵的精神财富，是工人阶级伟大品格的具体体现，是民族精神和时代精神的生动体现。民族复兴需要劳动模范，祖国强盛需要大国工匠，中国制造、中国智造、中国创造更需要大国工匠的强有力支撑。劳模、工匠等的成长故事、先进事迹中承载的劳模精神、劳动精神和工匠精神，是激励全国各族人民团结奋斗、勇往直前的强大精神力量。

"中国劳模"系列丛书，采用图文结合的方式，讲述全国劳模、大国工匠和先进工作者的成长经历及他们追梦、筑梦、圆梦的故事，用他们在平凡岗位上创造不平凡业绩的真实故事感染读者，形成劳动最光荣、劳动最崇高、劳动最伟大、劳动最美丽的社会风尚，引导广大技术工人和青少年形成劳动光荣、技能宝贵、创造伟大的观念。

"匠心筑梦，强国有我。"新时代是万象更新、生机勃勃的时代，也是一个继往开来、创新创业和建功立业的大时代。希望广大读者能以劳动模范为楷模，以大国工匠为榜样，立志技能报国、技术强国，踔厉奋发，勇毅前行，锤炼思想品格，汲取劳动智慧，勇于担当、勤于钻研、甘于奉献，为推进新型工业化和乡村振兴，加快建设制造强国、质量强国、航天强国、交通强国、网络强国、数字中国、农业强国，为全面建设社会主义现代化国家贡献青春力量。

中华全国总工会副主席（兼）

中国航天科技集团有限公司第一研究院

211厂14车间高凤林班组组长

2022年11月

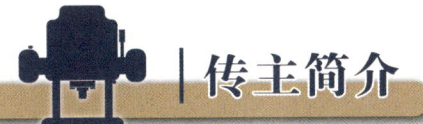

# 传主简介

　　崔立刚，1973年生，辽宁沈阳人，1993年7月参加工作，现就职于辽宁装备制造职业技术学院，是全国五一劳动奖章获得者，曾荣获"全国技术能手"的称号。

　　崔立刚出生在农村，11岁时随父母搬到沈阳市，17岁考入中国汽车工业丰田金杯技工培训中心（现为辽宁丰田金杯技师学院）。在学校时，他努力学习，踏实工作，高度自律，20岁时以优异的成绩留校任教，开始了教学之路。崔立刚是"双面手"，他既是一名关心学生、教学严格、桃李芬芳的老师，又是一名具有精湛技术的工人。

　　2002年8月，崔立刚被沈阳市总工会授予

"沈阳市岗位技能带头人""沈阳市技术大王"和"沈阳市职工创新楷模"的称号。2003年10月，崔立刚在全国职工职业技能竞赛铣工决赛中获得冠军，同年获得全国五一劳动奖章。2005年，崔立刚参与《金属切削加工基本技能实训教程》一书的编写。2013年，经人力资源和社会保障部批准，成立崔立刚技能大师工作室。

2015年、2017年、2018年，崔立刚担任辽宁省职工技能大赛总裁判长。2019年，崔立刚担任辽宁省职工技能大赛监审。2020年，崔立刚担任沈阳市"百千万"职工技能大赛总裁判长。2021年，崔立刚担任辽宁省职工技能大赛数控铣、数控加工中心操作工裁判员和数控车工裁判长。

崔立刚一直在努力奋进，他在不断学习的同时，也为企业培养了许多技能人才，为祖国的发展贡献力量，把踏实敬业的精神一代代传下去。

# 目 录

CONTENTS

# 第一章　刚强的淘小子

# 萌芽破土

1973年10月23日，霜降。西伯利亚的寒流走出老巢向南行进，这使得沈阳市苏家屯区陈相屯镇的最高气温不超过10摄氏度。古人说："寒露不算冷，霜降变了天。"

崔克清干了几十年农活，对东北这天气熟稔得紧，他早在末伏前就把后窗堵死了，又把破棉被钉在了外门上，再把窗户外贴好麻袋，最后又用黄泥把土墙通抹了一遍。这一天，崔克清醒得很早，温了铁锅里的水，揩了把汗，背着手在炕前转悠，时不时弯下腰，捡起炉钩子，吊起炉盖，向里面捅了又捅。炉子里发出哐哐声响，一粒粒炉灰躺在炉底上，不一会儿就暗了，像砂轮机磨刀具时擦出的一串串转瞬即逝的火星星。崔克清盯了很久才缓过神来，转头瞅了瞅炕头上倚着土墙裹着头巾的妻子和熟睡的孩子，问："儿子叫啥名？"

妻子说："问我干啥，你说了算。"崔克清说："虽说我们老崔家祖辈是农民，但农民咋了？自立、自强、不偷、不抢，半夜不怕鬼敲门，睡得踏实。等到我这儿，成了钳工，整天跟钢铁打交道也踏踏实实的。我是想好了，不管孩子将来干啥、做啥，一定要钻研，没知识就学知识，没技术就学技术，没啥补啥。人还得刚强，对，就像钢铁一样……娃这辈排到'立'字喽。"妻子说："想那么多干啥，将来儿要有大本事，那是儿的造化！"崔克清又捅了捅炉子，叹了口气："也是。咱能做的事也就是给娃起个名，咱娃就叫崔立刚！"

崔克清端详着安睡的婴孩说："立刚长得像我。"崔立刚的母亲名叫金珠，"老三届"知青，有文化。金珠的母亲早逝，金珠是独生女，一直渴望有一个子孙满堂的大家庭，她低头看着怀里皱皱巴巴的小脸蛋，小声嘀咕："快快长大，做一个好哥哥，好榜样，修身齐家治国平天下，咱们可样样不能落！"正如母亲金珠所盼望的那样，三年后，崔立刚有了弟弟。崔父崔母瞅着两个相差不大的儿子非常高兴，人生有了新目标、新方向，家境的贫穷也没有湮没他们对生活的盼望和热情。年纪不大的崔立刚也很开心，他开心自己有了陪伴，更开心自己做了哥哥。崔立刚喜欢吃肉，弟弟却不喜欢吃，在那个贫穷的年代，吃上一顿肉都是极为奢侈的，兄弟之间抢一块肉发生争吵也是常见的，弟弟感受到哥哥的爱护，就每次都把自己的肉留给哥哥。崔立刚从小就懂得尊重别人，从小就要强，这与父亲的教导是分不开的。

俗话说："虎父无犬子。"崔立刚的父亲是一名钳工，在单位负责维修设备，知识的欠缺不能阻挡他钻研的脚步，下班之后的他会一头扎进书里，圈圈点点，勾勾画画，做好笔记，待到第二天上班时进行实践，理论和实践相结合，然后熟能生巧，别人都会向他求教解决不了的问题。他从不推辞，一边维修一边讲解设备的原理构造。小小的崔立刚常常在旁边默默地听着，那时他还没有上学，当他看见父亲因维修技术精湛被厂里评为"技术大拿"时，深受激励。崔立刚每次看见光荣榜里的父亲胸前戴着大红花、面露微笑的照片时，都感觉有股力量在四肢游走，直冲大脑，最后流到心里，浇灌了他内心深藏着的工匠种子。他从那刻起便下定决心向父亲学习，并且要超越父亲。其实，崔立刚知道，向父亲学习并不是一件容易的事，可谁让他叫崔立刚呢？顶天立地，百炼成"刚"，这块钢坯从小就开始接受锻造了。

20世纪70年代的农村条件艰苦，没有幼儿园。但崔立刚有他人生最好的启蒙老师，那就是他的父亲。崔立刚每天都期待见到父亲车间里的机械设备，摇臂钻床、车床、铣床……看多了，就会发问，这个是做什么用的，那个是做什么用的。父亲的同事也很乐意回答崔立刚的问题，有时候他们会充当老师，对着这个"小学生"当面授课，时间久了，崔立刚认识了不少字，理解了不少专业术语，就连设备上的英文字母，也都认全了。俗话讲"有其父必有其子"，崔立刚跟他父亲一样虚心好学、不懂就问，赢得了众人的好感，车间里的每个人都觉得崔立刚是一个爱学习、懂礼貌的好孩子。

有时候下班回家，父亲也会考核一下崔立刚一天在车间的学习成果，崔立刚不但能一一作答，还能提出自己的问题和想法。有一天考核结束后父亲脸色和缓，坐在炕上弯着腰说道："爸没啥文化，没文化也得学习，就像铣削模具，一遍又一遍，操作越来越熟，误差越来越小，最后这数据都是刻在脑子里的。你别看车间的人都喊我一声师傅，可他们一个一个都铆着劲儿超越我，我那些徒弟都成技术骨干了，还是会遇到问题首先想起我这个师傅，这是为啥？你知道吗？"崔立刚点点头："知道，学习学习再学习，要谦虚，要努力。"父亲说："光学习和努力也不够，还要钻研，别人不会的你会，别人会的你要会上加会！"崔立刚攥紧拳头，用力地点了点头，给父亲茶杯续上热水，脱下鞋上了炕钻进被窝。临睡前，崔立刚都会憧憬着自己有一天会像父亲一样，能够做一根根炉筒子，能够扎一根根笤帚，能够修一辆辆自行车，能够……一件件一个个……一个一角钱，十个就一块钱了……一百个……一千个……他乐得合不拢嘴，不一会儿就睡着了。

## 幼鸟展翅

1981年9月，崔立刚这只不满8周岁的"幼鸟"迈入了人生第一所正式学校——沈阳市大西一校。常年以父亲为榜样的崔立刚在性格上比同班孩子沉稳，很快就适应了从农村到城市的生活，以及入学后的转变。有一次放学，全班列队站在班级门口，孩子们叽叽喳喳说个不停，没人听从老师的口令。老师非常无奈，抱着手臂说："谁站好队，谁先放学。"崔立刚总是第一个放学回家的。当然，这对他来讲只是微不足道的事。他一直遵守纪律，刻苦学习，父亲用铅笔在书上圈圈画画冥思苦想的画面一直在他的脑海中萦绕不断、挥之不去，他深刻意识到钻研与思考的重要性，从不松懈学习，首先在班级40人中脱颖而出加入少先队。

那一年，崔立刚是他们那一届第一批少先队员的一分子，是5人当中的一个，是班级里冉冉升起的新星——红花少年，这些都是他努力的成果。崔立刚获得奖励笑得很开心，很灿烂。回到家后，他把红领巾和红花拿给母亲看，母亲一边摸着他的头，一边不停地点头。斑驳的岁月在母亲脸上刻下了浅浅的几条印痕，崔立刚看到了母亲眼角的鱼尾纹，下定决心要像父亲说的那样继续努力，继续学习。他将大红花珍藏起来，谨记父亲的教诲，平复心态深吸一口气，下定决心挑战自己的极限，发掘自身的潜能，不断取得新成绩。他憧憬着未来，浑身血液上涌，就像听到父母说要把家迁到沈阳市里时一样激动。这种激动既有对未知的好奇，又有对未来的憧憬。他知道父亲每天早上5点去上班，骑自行车到火车站，再坐第一趟火车到陈相屯，无论刮风下雨，从不请假，从不迟到，直到退休。母亲在沈阳出租汽车公司下属的饭店工作。父母为了家庭都在拼命地工作，想到这里，崔立刚抬头看见了母亲的微笑，背过身去，抹了一把泪，拿起书包坐在饭桌前开始预习功课。

一家人劲往一处使，父母努力工作养家，崔立刚深知他们的不易就更加努力地学习。1982年9月，崔立刚转学到沈阳市小东二校。环境的改变并没有影响到性格沉稳的崔立刚，他的学习成绩依旧特别好。一次数学考试，他很快就答完了数学卷子主动交卷，老师接过卷子当场就用红笔判了起来，成绩是100分。后来，崔立刚回忆道："当时开心得不得了，满分是应得的成果和回报，也就是那次，老师的一番话给我带来极大的震撼，也给我带来了不小的打击。当时我高兴有之，失落有之，那是我转学后上的最有意义、对我影响深远的一堂课。"

崔立刚的老师打完分后将数学卷子放在桌子上，把崔立刚唤到身边，指着卷子让他看两分钟。老师说："看出门道了吗？"崔立刚摇摇头说："没有。"老师说："发现问题了吗？"崔立刚说："老师，我在交卷前把所有的题检查了三遍，肯定没问题。"老师说："不是题的问题，而是你的问题。"崔立刚说："我的问题？我没有问题啊。"老师笑了笑，说："把卷子拿回去，誊抄一遍。"崔立刚接过卷子回到座位不久，便抄完卷子站了起来。老师眉头微皱，说："拿回去，再誊抄一遍。"崔立刚再次接过卷子，过了一会儿又来到老师身旁。老师将卷子和誊抄的两份摆在桌子上，说："'人靠衣装马靠鞍'，字就是人的门面。题做对了，得了满分，字却潦草，对你崔立刚来讲是'有里子，没面子'。你以为写字简单啊，我一再强调'横平竖直'，这既是写字的基本法则，又是做人的基本标准。你说，咱们古代的书法，传承几千年了，哪一个书法家不是一笔一画练出来的？放学回家继续誊抄，直到你自己满意为止！"

傍晚，父亲瞅着满脸大汗的崔立刚心生疑惑：写个作业，也不至于流汗啊，这小子指定在学校里做什么坏事了。父亲清了清嗓子，说："说吧，犯啥错了？"崔立刚说："没犯错。"父亲说："没犯错，满头是汗？"崔立刚说："没犯错就是没犯错。"父亲说："哎哟，翅膀硬了，敢顶嘴了？！连台阶都不要了！"崔立刚转过头，望着父亲说："爸，我真没犯错，老师说字是人的门面，他让我回家把卷子誊抄下来，写到自己满意为止。"崔立刚把得了100分的试卷递给父亲，接着又把自己誊抄的也递了过去，说："爸，您瞅瞅，老师说写字得'横平竖直'，可我为啥越写越丑？"父亲看着卷子上的100分便急忙略了过去，翻到卷子背面，说："老师说得对，瞅你满脸是汗，哪能写好？这个写字跟在车间切模具一样。"崔立刚很疑惑地看着父亲。父亲说："对，在车间我曾跟徒弟讲，手要稳，眼要——"父亲拉长声，崔立刚跳起来说："准！"父亲说："不论哪个工种，这两点是基本要求，手眼合一，胸有成竹，脑子里要有字的样子，不能急躁，要勤加练习，万事开头难，习惯成自然。"崔立刚说："就像拿着铣刀切模具，手和笔只是工具，还要下功夫和用心。"父亲点了点头，坐在炕上不再言语了。听完父亲的教导后，崔立刚默默为自己制订下练字计划，他觉得写字、做人和学习都是一码事——认真才行。他松了一口气，起身到缸里舀了一碗凉水，咕嘟咕嘟进了肚，擦了下嘴，转身又回到屋里练字去了。

## 淘气闯祸

八九岁正是孩子淘气、发疯玩耍的时候，从一个熟悉的环境到陌生的地方，任何人都需要一个适应的过程，孩子需要的时间可能更长一些。1983年9月，10岁的崔立刚离开了他熟悉的校园，转学来到了沈阳市回民小学。这所小学创建于1929年，坐落在西关，是沈阳市唯一的回族小学。学校离家较远，崔立刚刚转到这所学校，对周围一切都很陌生，班主任就让顺路的同学带着他一起上下学。崔立刚很快融入集体当中，每天课间与同学们一起踢足球，周日休息的时候一起去抓蛐蛐，一起弹玻璃球。时间一晃，崔立刚上小学四年级了，迎接他的是一次小小的教训。

一天早上，崔立刚如往常一样早早地来到学校。他在上第一节数学课的时候，打开书包，翻了半天也没有找到课本，心想可能是落在家里了，就与同桌共用一本。放学回家后，他翻遍家里各个角落也没有找到数学书。第二天，崔立刚问遍了同学，依旧寻不到数学书的身影，只能再次与同桌共用一本。在他心里，数学知识已经装在脑子里，课本也只是一个象征，这时候他的内心已然有了一点儿小小的骄傲。数学老师见到崔立刚与同桌共用一本课本，就问："崔立刚，你的数学书呢？"崔立刚站起来说："老师，我的数学书找不到了，学校和家里都没有。"老师说："这样下去可不行，自己想办法，书丢了，人来做什么？"放学后，崔立刚独自走在路上，他满面愁容，踢着路面的石子儿，想到父母没日没夜地干活儿，想到他们省吃俭用，下班回家时饭盒里还总剩好多菜，他们都舍不得吃，即便只剩一丁点儿也要带回来，他的心像针扎一样痛。他一路上含着泪水，在太阳还剩一丝边儿的时候进了家门。

　　父亲说："去哪儿了？这么晚回来！还有脸哭？"崔立刚说："没去哪儿。""没去哪儿？太阳都没影了，到这个点爬都能爬回家，真不该把你带进城里，天天除了玩儿就是玩儿。"崔立刚说："我没玩儿。"父亲噌的一下站起来："还撒谎！当我眼瞎啊！大了，翅膀硬了，一天不打上房揭瓦。"父亲拎起笤帚，让崔立刚立正站好，说："哭啥？委屈你了？"母亲抢过笤帚，剜了一眼丈夫，对崔立刚说："儿子，你说到底怎么了？妈给你做主。"崔立刚哭着说道："妈，我数学书丢了，找不到了，要买一本得花好多钱。可咋整！"这件事让崔立刚很有负担，一个认真学习的孩子把书弄丢是一件非常丢人的事，就像工人把维修工具丢了一样，知道设备哪一块出了问题，却只能眼巴巴干瞅着无法下手。那天晚上屋子里出奇的安静，父亲没有训斥崔立刚，母亲一直躺在炕上闭着眼睛，崔立刚看他们都很疲惫，就钻出被窝，光着脚下地把蜡烛吹灭了。当崔立刚早上醒来的时候，他发现数学书已经躺在枕边了，书上面还有他做的标记，他不知道父亲是从哪里找到的数学书。多年后，崔立刚陪父亲喝酒才知道，原来父亲一直忙于工作，忘记儿子上几年级了，就把数学书送给了同事的孩子，那晚他黑灯瞎火骑了十几里路把数学书又要了回来。

　　崔立刚小时候生活在农村，农村能玩儿的东西比较多，能欣赏的景色也比较多，走在田间的路上看绿油油的水稻和玉米，上山爬树，下河摸鱼，无论在哪儿都能玩儿一天，整天不住脚地淘气，到点就回家吃饭，吃完接着出去淘气，尽情地玩儿。从农村走出来的孩子，都有一股闯劲儿，在习惯一个陌生的环境后，会把原来养成的习惯不经意地表现出来，原来的生活会像一本无字的笔记藏在心里，思念的时候他就会拿出来翻一翻、看一看。崔立刚就是这样，他即便跟随父母搬到城市居住，可依然对陈相屯有着特殊的感情，每次寒暑假他都会主动要求父母带着他去看爷爷、奶奶、叔叔和姑姑，坐火车倒汽车，几十里路的辗转给他带来了无比的快乐。他喜欢看火车站里各式各样的旅客，期待能在汽车上碰见老乡，喜欢听父母跟旁人聊天。崔立刚觉得听别人聊天也是一种乐趣，谁家杀猪了，谁家盖房子了，谁家买牛了，谁家的孩子结婚了……崔立刚好奇心重，感觉啥事都挺有意思。

崔立刚回到农村首先要做的是从书包里掏出期末考试成绩单和学期鉴定单递到三叔手里，这已成惯例。哪一科分数少了，哪一段评语是差的，都会被三叔细细过问，好的地方会得到表扬，不足的地方会被纠正，一顿盘问下来玩心减了大半。崔立刚知道三叔这样做是在提醒自己放假不能光想着玩儿，也得帮忙做家务、干农活儿。农村的草很多，他喜欢跟着三叔去割草，然后把割回来的草用铡刀切成一小段一小段的——大约有食指那么长。他还喜欢去田间采野菜。有些野菜人是可以吃的，比如婆婆丁和荠荠菜；有些野菜是给家禽吃的，拿菜刀切碎了放点儿水和稻糠，鸭子都抢着吃。崔立刚上五年级的时候，也就是1986年的暑假，三叔带着孩子去奶奶家，人很多，非常热闹，小孩子们聚成一堆，玩儿着玩儿着就有人提议去陈相屯镇里溜达。从奶奶家所在的崔英守屯到陈相屯镇得有5公里，到了陈相屯镇，大家又想去大伯家玩儿，从陈相屯镇到大伯家所在的佟沟镇大约有8公里，一趟下来大约13公里，小伙伴们一起溜溜达达，天黑才到大伯家。大伯开门看见他就问道："你们咋来了？爷爷奶奶知道吗？"崔立刚听完这句话浑身一哆嗦，他这才想起来自己光仗着胆子又磨不开面子带着一帮弟弟出来溜达，离开时忘记告诉爷爷奶奶了。当时的信息不通畅，不像现在打个电话、发个微信就完事了。大伯从碗架子里端出饭和菜，让崔立刚和弟弟们先吃，他自己拎着手电筒披着夜色骑上自行车出了院门，慢慢地就不见踪影了。

天刚蒙蒙亮，崔立刚就把弟弟们唤醒了，他去大伯家的院子里摘了些柿子，又拿起笔在纸上写着："大伯，我们回奶奶家了。"崔立刚回到奶奶家推门进到屋里，发现奶奶眼圈通红坐在炕上，他不由得站在门口，羞愧地低下头，好不容易鼓足勇气挪动脚步，走到奶奶身前双手捧着柿子说："奶奶，这是我们从大伯家摘的柿子，您吃点儿吧。"奶奶说："我不吃，吃不下去，就差发动全村人找你们去了，被人拐跑了咋整？！多大了还不叫人省心！"崔立刚说："奶奶，这件事都怪我，是我领着他们走的，我认错。"崔立刚再次低下头，奶奶将他抱进怀里，细声细语说道："刚子，你是老大，做事得多寻思几遍，你可得记住，以后无论去哪儿都要打一声招呼。带着你这几个小兄弟去玩儿吧，可别走远了，中午准时回来吃饭，奶奶给你们炖鱼吃，今早你爷爷可网了不少鱼，你们有口福喽。"

# 勇担责任

经历过这次"出走"事件，崔立刚成长了不少，他知道一个好孩子除了要认真学习，还要学会为别人考虑，勇于承担责任。崔立刚的性格像钢坯一样，每次打磨都会带来质的飞跃。当然，他再怎么成熟，依旧是一个有无限活力又时常淘气的孩子。崔立刚有时会带着弟弟们去村口踢足球。有一天，他们踢得正起劲，三叔家的堂弟一脚射门，足球像导弹一样直击玻璃，只听哗啦一声，玻璃粉碎，众人呆呆地望着那有个缺口的窗户。这时堂弟哭着鼻子说："哥，咋整？要不咱们跑吧，他家没人。"堂弟转身就要跑，崔立刚伸手拽住了他，说："就说是我踢坏的，跟你没关系，接着玩儿，这次可加点小心。"另一个弟弟说："哥，也算我一份。"大家不知不觉抱成一团，崔立刚说："我是老大，有事我担着，眼下咱们得想办法给人家换一块好玻璃。"

崔立刚让其他弟弟们先各自回家，他也径直回家，进屋就说道："妈，我踢球时一不小心踢碎人家一块玻璃，您借我点儿钱，我长大后还给您。"堂弟在一旁说道："是我踢碎的，跟大哥无关。"母亲用围裙擦了擦手笑着说："哟，你这兄弟俩都懂得抱团了，不错，看你们这样勇敢承担责任，没白疼你俩。放心，这买玻璃的钱我出了，不过是有条件的。"崔立刚说："什么条件？"母亲说："条件就是罚你俩洗两周碗筷，必须洗得干干净净的！"崔立刚点头答应，攥着钱领着堂弟去找三叔了。太阳落山时，三叔带着俩人和一块新玻璃来到院里，见到房子主人时崔立刚主动上前道歉，三叔给窗户安上了新的玻璃。回家的路上，崔立刚和堂弟蹦蹦跳跳非常开心。三叔说："刚子，三叔没看走眼，不愧是咱老崔家的人。"

时间如沙从指缝中偷偷溜走，不经意间回头看一眼才发现岁月早已过了一大截，崔立刚的小学生活在玩儿和学习中结束了。1987年7月迎接崔立刚的是新的挑战——小升初考试。考试前几个月，老师每天都会在放学后把学生们组织起来进行课后辅导，希望大家考入好的初中。每个人都铆着劲儿向前冲，从而赢得这次挑战。崔立刚最终决定报考沈阳市九十中学，因为这所学校离家近一些。

小升初的考试一天就结束了，崔立刚从沈阳市回民小学毕业了，假期学校安排了一次返校，崔立刚与同学们互赠卡片，彼此祝福，当然这次返校还有一件重要的事，那便是公布成绩。崔立刚的努力得到了回报，两科成绩加起来180分，按理说他会毫无悬念升入沈阳市九十中学，可他一直悬着心。将要开学的时候，崔立刚接到了录取通知书，他被编到九十中学的一班，这个班是快班，他知道努力还不能停歇，只能再次鼓足干劲接着向前冲。

⊙ 1982年，父母带兄弟俩游北陵公园（前排左一为崔立刚）

# 第二章　青春在奋斗中闪光

# 步入初中

开学报到第一天，崔立刚凌晨4点就起床了，他拿出崭新的香皂沾了沾水在脸上薄薄地打了一层，双手慢慢地揉搓，刷牙也比往常多了两分钟。吃了点儿早饭，他掏出衣柜里叠放整齐的衬衫和打了补丁的浅蓝色牛仔裤。一切收拾妥当后，他怀着激动的心情走出家门。一路上他遇见很多去九十中的伙伴，他们一起边走边聊，说说笑笑，各自从包里掏出录取通知书对比着。一人开口问道："你是几班的？"另一人回答："四班的。"大家互相询问之后，崔立刚才发现只有自己是一班的，但没人在意这个问题，大家进了校门就都去找各自的班级了。

九十中学是崔立刚的新起点，过了许久他才知道学校按考试成绩划分班级，他所在的一班是快班，共有50人，这个班的各科老师教学经验丰富，有着极强的责任心，这个班还肩负着学校的升学重任，更是众人眼中的焦点。崔立刚是300名新生中的一分子，是前50人中的一员。崔立刚的初中班主任是语文老师，名叫张静芝。她教学认真，做的每一件事都是为了让学生们能顺利升入高中。刚开学，为了锻炼学生们的写作能力，张老师要求学生每周完成一篇作文。有时为了让学生有一个清醒的状态听数学课，她会进行课表调整，把早上的第一、二节课让给数学老师，下午的自习课，还会进行学科测验。班级里的每个人都铆着劲儿学，谁也不服谁。当然，她也心疼学生，有时会带着大家去郊游。崔立刚非常喜欢这种张弛有度的班级环境，成绩一直名列前茅。

小学六年的时光是漫长的，三年的初中生活就显得经不起折腾了，一晃崔立刚就初三了。初三是一个关键点，大家面临中考，考入好高中意味着离大学又近了一步。学生整天做题、背题、记各科知识点，老师们完成教学任务后还会利用自习课开小灶——补课，补课是无偿的。每个人都绷紧神经，注意力高度集中，晚上8点放学后老师和学生才能松一口长气，倘若赶上下雨天，还会提前半个小时放学。

崔立刚当年就读的九十中学在沈河区天后宫附近，那里因地势低洼被人叫作"西下洼子"，雨大的时候积水会没过膝盖，让人分不清哪里是坑，哪里是下水井盖。崔立刚对这个生活三年的地方无比熟悉，闭上眼睛都能将地形图简要勾画出来，对他来讲，雨大不是问题，有问题的是书，因为书湿了，放在炕上一热，纸会变得发黄发硬，特别脆、容易碎，书上面做的标记也会被雨水洇湿弄花。但办法总比困难多，崔立刚经常听人说"留一手，留一手"，他很聪明，能够活学活用，往往会准备一个专用本，放学回家后用铅笔将一天的学习笔记誊抄上去，这样书花了还有备用本上面的知识点可以复习。

# 艰难抉择

崔立刚的考试成绩一般会在同年级排在30名左右，他勤奋认真、刻苦努力，在各个方面都有良好的表现，初三的时候成为共青团员，在老师的眼中他算是一个"大学苗子"。同学们有时也会问他心目中的理想大学。崔立刚在填报中考志愿那段时间，整日皱着眉头，摆在他面前的有4条路：第一条就是报考高中，上重点高中升入大学的概率要比上普通高中大许多，崔志刚知道"师傅领进门，修行在个人"，上哪一所学校都得踏实学习，更何况大学的录取率非常低，考不上面临的就是就业问题；第二条路是报考职业高中，学生毕业后学校可以择优推荐工作，弊端是进入好的企业比较难；第三条路是报考中专，那时候很多农村户口的考生都会选择报考中专，考上后户口可以农转非，毕业后可以捧"铁饭碗"，他的两个叔叔当年考的都是中专，一个在沈阳市某区的电业局工作，一个在水利局工作，都算得上分到了好单位，但是考中专的难度比考大学还要高；第四个选择就是报考技校，当时的技校是国有企业办的学校，企业效益也很好，考入学校等于进入工厂，也就有了保障。崔立刚知道自己哪一条路都可以走，他想得更多的是父母和弟弟，家里的情况摆在那里，他想尽快参加工作挣钱替父母分担压力与重担，条条大路通罗马，最终，他选择了报考技校。

崔立刚下定决心后找到了班主任。当时报考技校需要在读中学出具介绍信，报考高中、职高和中专算入升学率，考技校在学校看来属于就业。班主任听到他的想法后很是惊讶，说："崔立刚，以你现在的成绩来看，考职高、中专和高中问题都不大，你是害怕了吗？害怕是正常的事，要不要好好想一想，回去跟你的父母再商量商量？"崔立刚说："老师，我和父母已经商量过了，考技校然后上班。"班主任看了崔立刚许久，叹了一口气，转身带着他去开报考技校的介绍信。崔立刚回家后把介绍信递给了父母，父母看到介绍信非常吃惊，他立马解释道："技校好就业，以后想念书再去考夜大就行了。"父母没有多说什么，他们一向尊重崔立刚的选择。崔立刚报考哪类技校则是与父母商议后决定的，有四类学校可以供他选择：第一类是交通类技校，毕业后当司机，开运输车或公交车；第二类是汽车修理学校，毕业后去修车；第三类是铁路技校，毕业后在铁路部门上班；最后一类是军工企业的技工学校，像"沈飞"和"黎明"[1]办的学校。崔立刚最终决定报考铁路技校，他觉得自己毕业后做一个工人也不错，有一首歌唱得很好："咱们工人有力量，每天每日工作忙……盖成了高楼大厦，修起了铁路煤矿，改造得世界变呀变了样……"

---

[1] "沈飞"即现在的航空工业沈阳飞机工业（集团）有限公司，"黎明"即现在的中国航发沈阳黎明航空发动机有限责任公司。

报考的日子很快就到了。父亲说："在家复习吧，时间紧，临阵磨枪不快也光，我先去铁路技校那边给你看看报名的事。"为了崔立刚报考，父亲第一次向单位请了假。第二天一早父亲就走了，下午带回了两份招生简章，其中一份招生简章是铁路技校的，另一份则是中国汽车工业丰田金杯技工培训中心（以下简称"丰田金杯技校"）的。丰田金杯技校是在1990年由中国汽车工业总公司、辽宁金杯汽车股份有限公司（以下简称"金杯公司"）与日本丰田汽车公司合作创建的，目的是为中国汽车产业和装配制造业培养优秀的技能人才。1990年是该校第一次招生，专业有车工、铣工、模具钳工、装配钳工和维修钳工5个工种，它们在当时都很吃香。学校的条件也好，学生上学后每月有17.5元的助学金，也就是一个月的伙食费，学期末还有奖学金，学校统一配发制式的校服、书包、运动鞋和皮带，很多人想方设法想进去，因为学生毕业后可以直接进入金杯公司下属企业，福利待遇也很好。

1990年7月，崔立刚初中毕业。技校入学考试是父亲陪着他去的，那天下着大雨，爷儿俩骑了一个多小时的自行车才到考场。考试的科目共4门，分别是语文、数学、物理和化学，上午考两科，下午考两科，一天就考完了。崔立刚的努力没有白费，凭着初中三年打下的学习底子，他如愿考入了丰田金杯技校。

# 进入技校

技工学校简称为"技校"，以培养中级技术工人为主。

1990年9月，崔立刚考入丰田金杯技校。那一年的报考人数超过500人，最后录取了100人，共分5个班，每班20人，属于小班授课。

在崔立刚读技校时全校职工70人左右，如今的学校早已经是一个综合型职业院校了，是沈阳市标志性的中、高等职业学校，全校教职员工加起来有300人。崔立刚说过："在所有的教师中实习指导教师是特别重要的，他们每个人都需要有丰富的实操经验和完备的理论基础，理论与实践相结合，双轨并行，才能培养合格的技术人才。"丰田金杯技校一直以"技能重训练，理论重应用，人格重养成"为目标，不断向其他院校输送教师。崔立刚在技校学习的三年时间里，实打实地学到了一身本领。

丰田金杯技校坐落在沈阳市沈河区文萃路124号，那时候的学校周围没有高楼大厦，都是菜地和稻田，赶上秋收了，学生可以摘点儿蔬菜吃，也可以帮人收稻子赚点儿辛苦钱。那一年学校是首次招生，学校的基础设施还不完善，于是学生们进入学校后的第一件事，就是帮助维护学校基础设施，学生每人手里拿着工具，擦的擦，扫的扫，有的还拿砂轮打磨掉在地上的浆点，黑板也得抬到教室里去，操场坑坑洼洼亟待修整。一天下来，每个人都很累，但过得都很充实。崔立刚没有丝毫抱怨，他认为学校是学习生活的地方，需要每个人添砖加瓦，有几分力气就出几分。经过全体师生的一番忙碌，学校在9月份顺利开学。省市领导、中国汽车工业总公司、金杯公司和丰田汽车公司的领导们也都出席了开学典礼，场面特别壮观。

崔立刚被分配到铣工班。崔立刚在入校前并不知道铣工具体是做什么的，经过一段时间的学习，他才明白铣工是用机械对金属进行加工，需要学会看图纸，需要掌握繁多的技术知识。崔立刚的父亲是钳工，崔立刚最初很想跟父亲一样成为一个"万能"的钳工，但老师告诉他中国工业未来的发展趋势必然是大规模的机械化，他经过一番思量后，还是决定踏实地学习铣工技术。铣工在制造业是很重要的工种，需要掌握机床工具的知识、掌握计算和调整，需要具备高超的识图能力，需要看各种剖视图，需要会分度测角，工具、模具的制造都离不开铣工。与车工和钳工相比，铣工要求高、任务重、锻炼人，铣削齿轮、花键、飞刀斩形都需要铣工，这门技术学成了够用一辈子。

# 适应环境

校园环境挺好，走入大门会看到一座石碑，上面刻着"掌握一流技能，制造一流汽车"。这是全校师生的共同目标。崔立刚经常站在石碑前凝望上面的大字，他渴望自己能够掌握一流的技能，为中国汽车工业添砖加瓦，他感觉到有一股无形的力量在召唤自己。校服、运动鞋和书包都是学校统一发的，穿上它们有一种自豪感，什么都是新的，充满向上之力。崔立刚适应了一段时间后，就进入学习状态了。丰田金杯技校是理论和实践并行的，二者缺一不可，学生们必须学会"两条腿走路"，上一周理论课后，紧接着会有一周实训课，让每个人都能做到学以致用。实习工厂的环境较好，每个人都有一个机位，下厂实训必须穿戴统一的工作服。实习工厂在校内，是完全按照正式工厂标准建造的。厂房内部科室较多，有材料室、工具室、计量室、安全科等，并且按照工种又下设了机加教研室、钳工教研室、焊接教研室、油气压室、电工教研室等。

实习工厂采用"4S管理"，将"整理、整顿、清扫、清洁"融进工厂血液中，严格执行"早礼、中礼、终礼"三礼制度。早上8点5分全体学生到操场集合，在领队同学的组织下，喊着口号做广播体操，体操结束后练习俯卧撑。早礼领队的同学每周轮换。早礼结束，大家都排队进入实习工厂，宣读安全卡片，师生互相行礼后，老师们会挨个检查学生的着装，女生的头发必须紧紧地扎起来，指甲过长会被要求剪掉。中礼和早礼是一样的。下午4点30分放学，老师对一天的实习进行总结，完成终礼，学生们就有秩序地走出工厂了。

这样的训练有利于培养学生的组织能力，能够强健学生们的体魄，强化安全意识。崔立刚那一届的毕业生普遍都具有较高的职业素养，他们都是从小事做起，一点一滴积累，就像做模具一样，"差之毫厘，谬以千里"，马虎不得。每个人在加工工件时都需要严格按照工序卡进行操作，每一个工种的每一个课题都对应一个操作工序卡，工序卡都是由学校教师编制的，上面详细规定了各个参数，如：转速、进给量、背吃刀量、加工步骤等。学生按照卡片上的说明可独立完成加工，熟练掌握基础技能后，可以根据相对应的课题自行编制工序卡进行实践，以此来培养学生们的创造力。实习就像一道标准化的生产线，这些安排既保证了实习课的质量，又为学生打下了坚实的基础。崔立刚曾回忆道："那时候大家都比着学，没人愿意被落下，都鼓足干劲吸收知识，盼着将来能有一份好的工作，这种强度较高的学习，确实挺累人的。"

万事开头难，第一周实习结束，崔立刚拖着疲惫的身躯离开工厂，像是被扒了一层皮，到家门口，他拽开门三步并作两步跨进屋里，把书包抡到了炕上，说："不念了，太累了，老牛进去待一周出来都得剩下一副骨架子，这哪是实习？简直是实战！"崔立刚躺在炕上，蒙上被，又说："一站就是一天，脚茧都厚了两公分。"母亲穿着灰色大褂，端着盆走进屋来，右手不断地在盆里来回搅和着，"刚子，下地给妈烧柴火，今天炖小鸡，给你补补，你爸一会儿就回来了，他看见你这个熊样，能瞧得起你？"母亲向前迈了几步，端起盆说："刚子，掀开被，看看这是啥。"崔立刚拽下被子，抬起头，眯着眼睛说："水，还有大米。"母亲说："然后呢？"崔立刚说："然后淘米呗，米不淘干净了咋吃？"母亲说："大米这么白都得用水过两遍，用手搓几下，去去灰、筛筛沙，你爸那手艺怎么来的，你比我清楚得多，不吃苦，哪来甜？都说'井淘三遍吃好水，人从三师武艺高'，刚起步就想退？干一行行一行，但行行得吃苦。去把小鸡剁了，大小伙子受点儿累就不中了，浑身的淘劲儿哪去了？"崔立刚挪了挪屁股，像只毛毛虫似的挪到了地上。

## 晚饭受训

晚饭时，崔立刚埋头一口一口往嘴里塞米饭，闷声不语。父亲咳嗽一声，夹了一口土豆送入嘴里，嚼了两下，问道："菜不好吃？"崔立刚说："好吃。"父亲说："那倒是吃点儿菜啊。"崔立刚说："不想吃。"父亲撂下筷子，说："讲吧。"崔立刚抬起头，说："爸，我不想念了，太累了，实习课一上午只能休息10分钟，午休只有1个小时，下午也休息10分钟。4点10分之后还要实施'4S'清扫。"父亲拿起筷子，瞥了一眼，说："跟你妈讲一下'4S'清扫。"崔立刚站起来，将凳子向前一推，后撤一步，摆动手臂说："做起来超简单，就是名字唬人，铣刀在切模具时，会进出铁屑，妈，这就跟您拿刀在菜板上切菜似的，切完萝卜还好点儿，要是切葱和蒜，刀和板子上都是碎末，若是切肉就麻烦了。"崔立刚咽了口唾沫，"爸，今天炖的小鸡，就是我切的，刀上的油可不好擦，弄得满手都是。"父亲再次放下筷子，说："孩儿他妈，给儿子看看手。"母亲捋了捋头发说："赶紧吃饭，看什么手？"父亲说："你妈舍不得你，天天晚上不出声地抹泪，她希望你做啥都要有始有终，虽说'条条大路通罗马'，但是干一行就得爱一行，干一行吃一行苦，特别是咱们这一行，没有不吃苦就成功的。你只看到你爸在厂子里受人尊敬，徒弟多。你的起点可比我高太多了。"

母亲夹了一块肉放到崔立刚碗里，说："吃点儿苦，不算啥。哪有不吃苦就能成事的？一个大老爷们儿，将来得顶天立地，不单要顶起门来过日子，还要在这一行做出成绩。万事开头难。你爸是铁匠出身，最开始从学徒做起，整天抢大锤，白天晚上不歇着，风吹雨淋不说，还得受火烤，遭烟熏，一天下来都喝不上几口水，回来倒头就睡。"崔立刚拽过凳子，坐了下来，说："老板也太苛刻了，一点儿都不体谅人！"母亲说："体谅人？不拼命就会受师傅训斥、责骂，更不会真心教你手艺，老话说：'三年学徒，五年半足，七年才能成师傅。'你爸也是一点儿一点儿熬过来的。现在你们多幸运，国家还给发衣服，发裤子，书包都是统一的，还有专门的老师给你们讲课。"崔立刚说："那也太不容易了。"母亲说："不容易你爸也熬过来了，这盆鸡肉哪来的？你爸要是不吃苦，咱们一家就得饿肚子。"父亲笑了，拿起筷子，又夹了一块土豆送进嘴里，问："知道为啥要'4S'清扫吗？"崔立刚嚼着鸡肉回答道："为了干净，为了整洁，为了机器。"父亲瞅着崔立刚，"还有呢？"崔立刚皱着眉："还能有啥？"父亲放下筷子，说："还有，为了培养你们的敬业精神，大到一个机器，小到一个螺丝钉，一丝一毫容不得差错，'路在人走，事在人为'，自己想一想吧。"

晚饭后，崔立刚主动收拾饭桌，一边刷碗一边回味刚刚在餐桌上父母说的那些话。想到父亲打铁时脊背上布满的汗珠，想到外国专家在厂里进行指导和监督的样子，想到实习指导教师要严格按照实习计划进行教学，想到母亲不厌其烦地精心烹饪每一顿饭菜，他突然明白无数人都在努力着，为自己努力，为家庭努力，为国家努力。

## 勤学苦练

崔立刚对铣工的一切仿佛有着天然的亲近感，厂房里摆放的一件件工具在他眼里就像家人一样有温度、有灵魂。入校门前他对铣工一无所知，进入校门不久就可以熟练地使用工具了，这些工具让他着迷。崔立刚从来不信天赋，他知道再有天赋的人，不踏实下来，不勤学苦练，一切都是空中楼阁、梦幻泡影，他知道"实践是一块磨刀石"，若想做出成绩，脱颖而出，必须在"磨刀石"上反反复复地打磨，就像铣刀切割模具一样，由较大的偏差到微小的偏差，需要下狠功夫。崔立刚至今都记得他的授业恩师杨献国。每次回忆起来，崔立刚总是感叹在青年时期遇见一个为人正直的老师是多么重要。青年时期是性格和心理的转型期，老师的一举一动都会影响到学生。杨献国老师为人正直，技艺高超，教学认真负责，这些都时时刻刻影响着他的每一个学生，崔立刚在这位老教师身上学到了很多东西。

在杨献国心里，崔立刚是个好学生，他一直关注着崔立刚的人格成长，一直关注着崔立刚的技术水平，他知道崔立刚是一块璞玉，需要细心雕琢。崔立刚也非常感谢杨献国，他从接触杨献国那一刻起就觉得教师是无比神圣和伟大的职业。在一次实习课上，杨老师给崔立刚布置了一个加工配合件的课题，需要崔立刚在第一个工件平面上铣削两个沟槽，在另一个工件上铣削两个阶台，两个工件的公差变动量要严格把控在 ±0.03mm 范围内。崔立刚知道，公差越小铣削难度就越大，有些尺寸是无法测量的，需要计算复杂的尺寸链后才能进行加工。在正式加工前，杨献国老师看了崔立刚一眼，面容严肃，清了清嗓子说道："这次你们加工的是配合件，难度比较大，每个单件加工都要保证尺寸的精度，都要考虑工件和工件配合的精度，加工尺寸不用我多说，你们各自都清楚，就是要按照中差进行加工。加工完成后，需要手动进行配合，崔立刚，有什么问题吗？"杨献国再次看了崔立刚一眼，崔立刚点了点头，立定站好大声道："没问题！"杨献国大手一挥，平静地说："开始吧。"

崔立刚的辛苦付出得到了回报，杨老师拿着崔立刚加工的工件说道："什么是认真完成？这就是认真完成。什么是优秀？这就是优秀。能吃苦，不怕累，善钻研，试问大家有几个做到了？"同学们有的低下头，有的撇着嘴，有的踢着腿。下课时杨老师离开实习工厂，大家围着崔立刚加工的工件进行测量，结果全部在公差范围内，满分！大家回头看着崔立刚，纷纷竖起了大拇指。待众人散去后，崔立刚独自一人抚摸着自己加工的工件，自豪感油然而生，这次的课堂作业坚定了他接下来更加刻苦学习技能的决心，也增加了他对铣工浓厚的兴趣。他那时候就在想，一个铣工究竟能做成多大的事呢？未来又是什么样呢？他傻笑起来，眼里满是憧憬。

这次的课题实操是崔立刚人生中的一个转折点，人生拥有无数个转折点，每一步都很重要，就跟铣削模具一样，不能因为有误差、有可控量就松懈。崔立刚每天除了学习理论课，剩余的时间都会"泡"在实习工厂苦练基本功，闭上眼睛都能看见铣刀在天空中的舞姿，他为了能够练习刃磨铣刀，整天泡在砂轮房里，手指经常被刀刃割出一条条血痕。每次练习结束，他推开厂房门，风一吹，身上都会扬起层层"灰尘"。崔立刚的刻苦努力和品学兼优为他赢得了一等奖学金，获得了"三好学生"的称号。

# 下厂实习

学校的实习厂像大棚一样为学生们挡住了风霜雨雪，他们在茁壮成长中迎来了历练——下厂实习。崔立刚实习的工厂属于金杯公司的下属企业。学生表现得再好，也得与社会接轨，真正的强者就是在打磨与锻造中形成的。下厂实习期间发生的一件事给崔立刚带来了很大的震撼，他记得自己当时初到工厂较为得意，一股优越感时常萦绕在心，厂里的一切对他来讲都很新鲜，设备的摆放与学校工厂的不一样，学校设备的摆放以教学为主，实习工厂设备的摆放是按照工段进行划分的。

下厂实习的第一步就是安全教育，这个步骤每个人都很熟悉，在学校工厂实习的时候安全教育就是一门必修的功课。安全教育结束后每个人都被分配到了相应的岗位。老师傅背着手站在机器旁等他们到来。刚开始的时候，师傅只让大家站在旁边看着，这样的做法有两层考量，第一是出于安全考虑，怕发生事故，第二是师傅不了解学生们的技能水平，想让他们多看实操来回忆所学的知识。实习和生产是不一样的，后者要求成品率。下厂实习的前几天，大家没有上手进行实际操作，只做了扫地、擦机器、倒热水这些琐碎事儿。崔立刚没有像其他人那样急躁，在学校怎样表现，来到工厂依旧如此。不爱说话的师傅却经常主动跟崔立刚聊天，起初一两句，慢慢话就多了起来。师傅夸崔立刚是一个好苗子，将来指定有出息。崔立刚挠挠头傻傻地一笑，站在机床旁边看师傅的现场操作。

几天下来，崔立刚发现工厂里的师傅在做工方面与学校实习厂的老师有着很大的区别。在学校时，崔立刚见到的都是中规中矩的操作，节奏较为舒缓，有着统一明确的背吃刀量和进给速度，而工厂师傅的做工力度往往要加上一层。崔立刚没有忽视这个问题，他趁着师傅休息时就把心中的疑惑问了出来。师傅对崔立刚没有任何隐瞒，一番讲解下来，崔立刚明白工厂的加工都是在保证人身和设备安全、保证生产质量的前提下，实行这种大的进给量，他为此总结了两个字——产能。晚上下班，崔立刚躺在床上回忆白天师傅做工的身影，他越发明白学校的教育是基础教育，只有基础打牢了，才能在今后的工作中解决一些突发情况，才能将学到的知识灵活运用、融会贯通。同时他也发现，工厂的师傅没有接受过系统的训练，在识图纸时较为吃力，他更加明白知识的重要性，明白自己的起点比父辈要高出很多。在崔立刚提出问题后，师傅就拿出一张图纸让每个人都说一说做工的方法和流程。众人思路清晰，一一回答，学生们的识图能力让师傅很是惊讶。在接下来的日子里，师傅让学生们找一找状态，先从简单的零件加工开始，慢慢地让他们做一些较为复杂的零件。从简单到复杂，每个人都越做越好，越做越精，越来越有干劲。师傅看着学生们的成果感叹道："年轻就是好啊！"

## 加工出错

崔立刚在下厂实习期间遇到了一件让他至今难以忘怀的事。有一天,师傅给崔立刚一张图纸,让他按照图纸加工一个零件。崔立刚很轻松地接了过来,扫了一眼图纸,嘴角立刻上翘,露出笑容。他很快从一堆原料里找到了一个适合加工的毛坯材料,弯腰捡起后,回到机床前,加工起来。没多久,崔立刚就拿起量具,反复测量工件,核实参数,他这份认真劲儿很像父亲,自信又不失谨慎。他转身看见师傅背着手站在机床旁观看其他同学的作业,速度就快了几分,脚步重了几度,携着风和尘来到师傅面前,说:"师傅,我加工完了,请您过目。"崔立刚微微收腰,双手捧着工件递了过去,又补充道:"量了好几遍,应该没问题。"师傅抬头看着崔立刚,二话不说就把工件直接扔进了废料堆。崔立刚伸手拦阻,可还是晚了一步,工件落入堆里就没了踪影,他赶紧开口问道:"师傅,您怎么把它扔了?我量了好几遍尺寸,我敢保证,产品是合格的。"师傅却背着手说:"你再认真地看一看图纸,做工最忌讳毛手毛脚,人稳了做事才能稳。"崔立刚转身跑到自己的工位,拿起图纸一字一字、一张一张地看了起来,他边看边疑惑:工件形状没问题,技术要求也没问题,到底哪里出了问题？困惑之际，崔立刚猛然发现材料一栏里写着一个"铜"字，他这才想起来自己用的工件材料是45号钢。他懊悔地摇了摇头，惭愧不已。

用错材料这件事对崔立刚的触动很大，他一向自认为细心，结果出错在"粗心"上，"小心驶得万年船"不是没有道理，加工工件半点儿马虎不得，参数要重视，用料也要重视。这次出丑让他明白在做工方面不但要保证形位和尺寸公差不出错，同样要保证加工工件材料不用错。工件和人实际上就是师傅与徒弟的关系，荣辱与共。崔立刚痛定思痛，下定决心杜绝"马虎事件"。崔立刚对自己高标准的要求和持续不断的努力给他带来了丰厚的回报，他在二年级下学期的时候，就已经能够加工非常复杂的模具了。

崔立刚的同学直到毕业都在困惑一件事，同样在学校工厂学习，听同样的课程内容，学同样的技术，都是同步的，为什么崔立刚能够成为尖子生？实际上通过一件事就可以得到答案。根据教学计划，铣工班的学生还要学习钳工、车工、电工、油气压和磨工的技能。崔立刚在没参与杨老师安排的任务之前，就有意识地锻炼自己学习更多的知识，他把普铣加工、仿型铣加工和磨床加工都学了一遍。他在工作中任劳任怨，认真稳重，加工的工件在参数上较为精准，也能胜任加工较为复杂、精度高的关键工件。崔立刚通过不断学习，技能日益精湛，有着较为全面的发展。杨老师非常喜欢崔立刚，经常给他安排任务，这也为他日后留校任教打下了基础，埋下了伏笔。

有一次，杨老师给崔立刚一张图纸，让他立马把加工材料领出来进行加工。崔立刚领完材料来到机床前打开图纸一看，有一些疑惑，他不太理解这种简单的工件为什么要找自己，老师还再三嘱咐要抓紧时间。崔立刚摇摇头，调整心态，浏览了一下图纸，需要加工的工件很简单，就是在圆柱上铣出一个斜面，这个斜面在图纸上标注的是刃口，他没有多想，用分度头进行第一步，接着拿起锉刀把工件上的毛刺一一磨掉。崔立刚望着手里的作品，满心高兴，走到杨老师跟前就递了过去。杨老师没有看工件，盯着崔立刚说："倒角了吗？"崔立刚觉得老师有点儿过于认真，甚至有些唠叨，他心想哪有加工完工件不倒角的，抬起头看着老师说道："倒角了。"杨老师说："这工件废了，再去看看有没有料，抓紧重做一个。"崔立刚用的加工材料不是平常所见的45号钢，而是制作模具用的模具钢，这种钢材价格贵，学校工厂里的存货很少。崔立刚愣在那里，没有行动。杨老师说："怎么还不去？"崔立刚说："老师，我不明白，尺度、角度、精度都在公差范围内，怎么就废了呢？"杨老师说："把图纸拿来。"崔立刚从怀里拿出图纸递了过去，杨老师接过图纸看了一眼，指着说："你看看这个图纸，上面要求的是刃口，你应该知道刃口是怎么回事，这门课程内容难不成让你就着大米饭咽肚子里了？"崔立刚说："我没忘。刃口一般是在冲载模具中用来成型的，您说过，就像家里的菜刀刀刃一样，卷刃了刀就不能用了……"崔立刚恍然大悟，他明白自己错在加工工件的时候忽略了对刃口的检查，刃口若是卷刃了，即便参数正确，加工完的工件也是废品。他更加明白自己的路还很长，要学的东西还很多。人出错不可怕，可怕的是不做总结，经验都是一点一滴积累起来的。百炼成钢，钢需要不断地锤打才能排出渣滓，模具也需要不断地加工才能成型，人也如此。可许多人不明白这个道理，显然崔立刚是聪明的、勇敢的、直白的，能够接受失败，也能够从失败中重新站起来。

## 初入赛场

入厂实习前，杨老师就鼓励学生们努力学习，人生还有更大的舞台——技能大赛等着他们。崔立刚第一次听到"技能大赛"时并没有过多寻思，只想着努力学习毕业后找一份好工作，凭着自身努力在行业立足，让自己拥有一个成功向上的人生，这是他当时的理想。崔立刚没有私下向杨老师询问有关技能大赛的任何事情，他知道杨老师希望每个同学都以参加大赛为目标去努力学习，提升自己，这对当时的崔立刚来说有些遥远。杨老师见学生们没有回应便向大家解释道："现在就全国来讲，受过科班训练的铣工比大熊猫都稀少，你们平时知道的或听到的'铣工'基本都是车工改行的。改行意味着什么？意味着他们学习不精。所以你们不要小瞧铣工，要时时刻刻做好准备。"

杨老师正说着，人群中有一个同学举手打断了他的话："老师，您总说准备，总说学习，我们一个铣工，再珍贵能珍贵到哪去？说好听点儿是'高级修理工'，说难听点儿，就是'修车'的。"大家齐刷刷地看向发言的同学，杨老师笑了笑说道："我相信，你刚刚说的都是大家心中普遍的想法，有的人不敢说，你敢于说出来。正好借此机会，我告诉你们，做好准备，参加大赛。不知道你们听没听过'世界技能奥林匹克'[1]，那是全世界精英聚集的赛事，每个参赛者代表的不是他个人，而是代表一个国家。咱们国家现在的工业水平较低，我们这一批人只能把经验传授给你们，往后的重担还得你们来扛，咱们国家不缺少工匠不缺少精英，缺少的是时间，可是时间不等人，这也是为什么老师希望你们努力学习。大家要时刻做好准备，让外国人见识一下咱们的厉害！"

有学生又问道："他们能有多厉害，不都是一个脑袋，两只眼睛吗。"杨老师说："我在国外学习的时候，那些参赛选手都得经过魔鬼训练，才能够脱颖而出，举个简单的例子，他们在用扁铲进行錾削训练前会拿一块黑布把眼睛蒙住，身边放一盆凉

---

[1]　此处指的是世界技能大赛（World Skills Competition），是最高层级的世界性职业技能赛事，由世界技能组织举办，每两年一次，被誉为"世界技能奥林匹克"，是世界技能组织成员展示和交流职业技能的重要平台。

水，手锤砸到手上就把手伸进水里来缓解疼痛，这样不间断地练习，铸就了高超的技艺，有了高超的技艺才能让对手折服，他们能吃苦，你们能吗？"大家都喊着："能！"听完杨老师的训导，崔立刚对未来发展有了一个简单的想法，他知道自己目前还达不到参加世界大赛的水平，可这颗参赛的种子慢慢地在他的心里生根发芽，推动他学习成长。崔立刚总是比别人多一份火热和坚定，他期待自己升入三年级的时候能见识一下丰田指导专家，衡量自己与专家的差距有多大。那时候国内也有很多比赛，其中车工和钳工大赛较多，学校为了提高学生的竞技能力开始对每一个工种进行选拔，建立集训队，每一个队伍三至五人，竞争非常激烈，参赛选手随时都面临被别人顶下去的危险。每个人都在暗暗地努力着，希望成为集训队伍的一分子，在大赛上崭露头角。

1992年，中国汽车工业联合会钳工大赛在沈阳举行，丰田金杯技校负责此次大赛的备料，赛事所用的毛坯材料都需要铣削加工，学校对此高度重视，一边派选手参赛，一边将准备赛事材料的任务分给崔立刚所在的铣工班。平日学生实习用的材料也是由铣工班负责加工，暑假期间也在加班，深得学校的信赖。杨老师根据工件的种类和数量，将铣工班分成若干组，每一组负责加工一个工件。崔立刚所在的小组加工的工件最为复杂，他们在加工前反复研讨，经过细致的讨论后，众人统一意见开始加工，遗憾的是他们加工的工件经过质检部门的检验被评为不合格，这一难题像一座大山压得大家喘不过气。崔立刚没有气馁，将小组成员重新召集起来，寻找解决的办法。他们一致认为，加工的环节都是按照标准严格执行的，问题只可能出在机器上。普通铣床在实习时可以用来练手，加工赛事用的材料显然难以过关。

为了保质保量完成任务，众人决定采取数控加工和普铣分序加工相结合的办法。其中有一道工序是加工垂直度，其误差为0.01mm，工件外形是V形，前一个工件在加工时用上了平口虎钳，这种虎钳夹紧力大，工件在装夹时发生了变形，为了配合V型铁，装夹工件还需用木槌敲紧保证其平衡度，出现一点儿误差就意味着加工失败。思来想去，崔立刚决定用手动夹紧的方式来夹紧工件，这样做的好处是能够较为自由地控制力度，增加成功率，可是如果掌握不好夹紧力或者背吃刀量（曾经的说法叫切削深度）过大就会有失败的风险。崔立刚没有退缩，顶着压力凭着坚实的基本功完成了工件的加工，检验部门对崔立刚所在的小组竖起了大拇指。国外检验专家看到崔立刚和同学们完美地解决了问题，由衷地赞许，他看到了一个国家工业的未来，回国之前，他将一块百分表和铣刀的刀片送给了崔立刚。最后，与崔立刚同届的钳工选手在比赛中获得了冠军，每一个人都松了一口气。崔立刚在台下看着冠军奖杯，握紧了拳头，为自己加油打气，他那时就下定决心，自己也要出现在技能大赛的比赛场地上。

1993年是崔立刚在技校读书的第三个年头，这一年专门培养世界技能大赛铣工选手的外国专家来到学校，梦想变成了现实，每个人都很激动，他们终于见到了杨老师口中的"外国专家"。

崔立刚内心较为平静，他经常在夜晚躺在床上想自己能学到什么，他感觉自己的技术到了一个瓶颈，急需突破，才能达到一个新的境界。崔立刚将这种感觉压在心里，没有对别人谈起过。一天，在实操示范课上，专家看着周围的稚嫩面孔，面露微笑，让一位同学在木板上随意画一条曲线，然后两人一起将木板放到机床上。待一切妥当后，专家马步一蹲，握住铣床的两个手柄，在主轴上安装一把铣刀，照着木板上的曲线进行切割，极为流畅，没有丝毫停顿，切割完后，专家又陆续叫了三个同学让他们在木板上画曲线，并通过翻译告诉现场的学生可以画一些复杂的，同学们慢慢放开了，气氛瞬间活跃了起来。专家的动作一气呵成，像是在画山水画。崔立刚看着专家一脸享受的表情，暗自佩服起来，这时专家抬头环顾四周说："图形太简单了，谁能画一个复杂的？"崔立刚迈步向前，拿起粉笔，画了一个"W"。

画W曲线容易，切W曲线就有难度了。专家看向崔立刚，不断地点头，他知道这个小伙子给自己出了一个小难题。专家马步扎稳摇动手柄，木板像飞起来一样，他把"快""准""稳"发挥得淋漓尽致，崔立刚一时看呆了，他觉得自己在看一个大师雕刻一件艺术品。专家展示之后给大家出了一个难度较大的课题——加工45° V型块。

其他同学把工件装夹后都是直接用木槌将工件与V型铁砸实（保证工件与V型铁紧密贴合），确保45°，符合图纸要求，然后开始加工，但最后都无法保证尺寸，工件的平行度出现超差。

崔立刚使用的加工方法是将工件放入V型铁中在平口虎钳上装夹，然后直接使用端铣刀进行粗加工，在余量还剩0.5mm时，用木槌将工件与V型铁敲实，使用较小的夹紧力重新装夹工件，这样他加工的工件尺寸和形状（45°）全部合格。崔立刚的加工方法得到了专家的赏识和称赞，因为在加工过程中对工件尺寸、形状（45°）要求精度较高，工件放入V型铁装夹使用木槌敲击时，敲击的部位是尖点，无法保证工件与V型铁紧密贴合，其他同学在最后精加工时并未重新装夹，还是保持着较大的夹紧力，这样加工的工件易变形。而崔立刚考虑到粗加工时背吃刀量较大和需要较大的夹紧力，为了保证工件不松动、不变形，在粗加工后还剩0.5mm就使用较小的夹紧力对工件重新进行了装夹，在工件的表面成为一个完整的平面后，用木槌敲击平面，将工件与V型铁紧密贴合。于是他顺利地完成了这项复杂的操作，得到了外国专家的赏识。

# 毕业去向

三年时间悄然从指间流走，毕业之前，学生们还要完成一个课题——制作台式钻床。学生按学校要求分组搭配，每组十人，其中车工班两人、铣工班两人、装配钳工班两人、模具钳工班两人、维修钳工班两人，外加一名实习指导教师。崔立刚这届毕业生总共分了十组，每组完成一台台式钻床即可，只不过制作台式钻床的毛坯材料需要自行外购。各小组可以自定工艺，按工种进行分工协作，铣工负责铣削加工、平面磨削加工；车工负责车削加工、外面磨削加工；模具钳工负责数控加工（台钻主轴箱）；装配钳工和维修钳工负责画线和装配。

台式钻床加工完成后，学校临时成立的毕业课题验收小组会对台式钻床的单个零件、装配精度、加工精度进行检测和验收，评出前三名。崔立刚在小组中负责铣工，承担平面磨削的工作，在指导教师的带领下，大家团结协作，出色地完成了毕业课题。在毕业定级考试上，崔立刚考取了职业技能等级五级工。

崔立刚回顾以往不无感慨，从跟在父亲身边的鼻涕虫到身强力壮的大小伙子，从一个懵懂无知的孩童到技艺精湛的技工，寒来暑往一步一步走到今天，他多年紧绷的神经在拿到证书后松弛下来，他吐出长长的一口气，流下了泪水。三年的技校学习是崔立刚人生一大转折点，技能改变了他，锻造了他。在这三年中，他没有忘记父亲工作的背影，没有忘记母亲殷切的目光，更没有忘记自己的初心。在技校学习的三年，崔立刚有成功，有失败，尝遍了辛酸苦涩。他一直严于律己，谨遵父亲的教诲——虚心；他一直宽以待人，帮助周边的同学。毕业前夕，崔立刚躺在宿舍床上，思前想后，他想找一份工作为家里减轻压力，他想参加世界技能大赛增长见识，他希望自己能在即将从事的行业中做出一些成绩……崔立刚想得很多，厘清了思绪便睡了过去。毕业典礼前的一天，崔立刚正在厂房擦拭机器，杨老师悄无声息地来到他跟前弯腰问道："能讲课吗？"崔立刚答道："能讲！"杨老师没有说什么，转身离开了。

毕业典礼上，金杯公司各企业的人事部门都来到了学校，校长讲话结束后，各企业人事部门纷纷向主持人提交名单，被念到名字的学生自行走到车桥场一方，时间如水银般凝滞前行，100名学生最后只剩下10个。典礼结束后，杨老师领着剩下的10人来到教务处，问道："留校任教后悔吗？"他环视一周，又说："现在后悔来得及。"众人纷纷摇头。杨老师说道："先回寝室休息，晚上记得来参加职工大会。"大会结束后，杨老师来到崔立刚的寝室，两人简短交谈后就分开了。崔立刚到现在都认为杨老师是他的伯乐，如果不是杨老师的推荐，他的人生可能又是另一番样子了。

回想技校毕业那会儿，崔立刚十分感慨。他在三年学习期间学会了铣工的基本知识和操作技能，明白了学无止境的道理，懂得了最基本的职业操守——敬业。他的三年学习生活过得很充实，在忙碌中享受快乐，结识了同学，认识了老师，他曾以为自己毕业之后会在某一个工厂某一个车间里独自铣削模具。他觉得人生就是迈步向前，在前进过程中抗住压力击败困难，像跨栏一样一关一关地迈过去，起初可以慢点儿，待熟悉节奏、身体适应后，就是大步向前跑了。崔立刚在20岁时没有太多想法，只知道有许多人与他一样对铣工工作抱有热爱，对人民和国家抱有热爱，更重要的是，这群人斗志昂扬下定决心为建设祖国出工出力。崔立刚和他们一样，是可爱的、值得敬佩的中国工人。

# 第三章 砥砺前行的"小"教师

# 上岗之前

　　20岁之前，崔立刚是学生，20岁之后，也就是1993年7月起，崔立刚成为一名教育工作者——教师，这种身份的转变是他未曾想过的。他知道未来的路还很长，也知道自身现有的理论知识和实践经验已能够指导学生，可他依旧没有半分松懈。这一年，崔立刚在学校实习工厂机械加工教研室任铣工实习指导教师，这一年，他的初中同学步入大学校园，而他步入熟悉的工厂和校园，面对着崭新而陌生的面孔。

　　工作的第一年，学校让崔立刚这一届的留校生继续学习，这倒是满足了崔立刚学习的愿望。学校先是让留校生学习教育学、心理学，待考核结束后，又安排他们学习外语。留校的10个人是经过严格筛选的，是学校的新生力量，学校希望青年教师能够在未来成为中流砥柱。学习结束后，学校又安排他们参加实习导师的相关培训，培训结束后，开始了试讲。崔立刚平时在学校不爱说话，试讲对他而言无疑是一场挑战。在试讲前，经验丰富的实习指导教师每天都会利用一上午的时间对留校生进行培训，提醒他们要注意讲课的语速、板书、动作、仪表……老教师告诉留校生，正常讲课的语速是每分钟200字左右，语速过快过慢都不行，

⊙ 崔立刚（前排右四）作为任课教师与94级中专机加班毕业生合影

语气要抑扬顿挫，吸引学生的注意力，在写板书时要一边写一边念……听完老教师的讲解，崔立刚对教师的工作由衷敬佩起来。他将这些细节一一记下，下定决心一定要做一个合格的教师。

上午听完课后，留校生还要在下午的时段去实习工厂给老教师当助教。在做助教的日子里，学校要求他们必须做笔记，对崔立刚来说，记笔记已融入生活之中，无须提醒，他将白天老教师讲的关键点一一记下来，夜晚回到寝室翻开笔记再进行回忆式补充。崔立刚在写心得体会时总会想起父亲当年学习的身影。这个身影对崔立刚来讲是一种动力。留校生在学习一段时间后迎来了试讲。学校安排的试讲分为两部分：第一部分是理论知识，时间为30分钟；第二部分需要教师到实习工厂演示操作一整堂的实习教学课。崔立刚他们每人试讲一个题目，内容可以自由选择，这样可以更好地展现试讲人的水平。

崔立刚讲的是分度头分度——简单分度，他备课很充分，还在家里对着镜子练了又练，一边看着笔记，一边进行调整。可谁知过犹不及，崔立刚太想发挥出最好的状态了，他太紧张了，在上台时两条腿开始哆嗦，手心也出汗了，握着的粉笔在写板书时一半折到了地上，一半被汗水浸湿了，脑袋里储备的知识四处乱撞，就这样磕磕绊绊讲了半个小时。崔立刚羞愧地低下头向老师们鞠了一躬，三步并作两步走下讲台给下一位试讲人腾出地方。也许是面对曾经教过自己的老师紧张得乱了头绪，也许是缺少实际经验，也许是他们太年轻，留校生没有一个人通过试讲。众人结束试讲后，站成一排面对着老教师，老教师推了推眼镜，清了下嗓子，叹气说："你们都是优秀的毕业生，有着较为扎实的理论知识和丰富的实践经验，你们都是学校留下来的好苗子。很抱歉今天的试讲我不能给你们通过，别灰心，别失望，在操作技能上没人会质疑你们。这三年的成长我们都看在眼里，但是你们目前急需解决的是——身份转换，这是你们的通病。"

崔立刚抬头看向老教师，尴尬的神色慢慢褪去，目光开始坚定起来，老教师接着说道："教师，教师，不用过多解释大家都知道，就是'教书育人'，我们技校教师需要给学生传授的是理论知识和实践经验。大家虽然学习成绩很好，可是不要忘记，'学得好'和'教得好'是两个概念。"崔立刚的目光又柔和下来，充满疑问地看向老教师，老教师也瞅向崔立刚，开口道："崔立刚你既然有疑惑，就拿你举例子吧，在座的老师都知道你是一个小劳模，脑子里除了'学习'两个字好像就没有别的了，学习理论知识认真，实践操作也认真。顺便说一句，大家准备的试讲都很认真。你们的成绩跟崔立刚都差不多，说句直白话，你们若是不认真学习也不可能留校。接下来你们的首要任务就是不但要坚持学习，不断地学习，更要带着别人学。怎样带着别人学？就是教课，这是一门学问，就像铣削模具一样得多实践，多总结。还有，要调整好心态，没有必要过于紧张，适度紧张有助于人集中精神，但过度紧张就会适得其反。"崔立刚不断地点头，默默地将老教师的话记在心里。崔立刚站在最左面，老教师站起身，走到崔立刚面前，拍了拍他的肩膀，看向大家，说道："这点儿小事不算啥，从哪儿跌倒就从哪儿站起来，大家讲得少，试讲的效果不好都是正常的，接下来你们需要互相帮助，一个人讲课，其他人评课，指出缺点，学习优点，你们是咱们学校的首届毕业生，未来是你们的，现在开始学习，一切都来得及。"老教师后退一步，大声说道："有没有信心？"大家立正站好，大声喊道："有！"老教师欣慰地笑了，背着手走了出去。

留校生经过老教师的教导后一致决定每天上午试讲，互相打分，互相评论，下午去实习工厂进行实操训练，就这样经过一段时间的准备，他们再次迎来了试讲，这一次的试讲很成功，10个人全部通过。当然，这只是成为实习指导教师的第一步而已。崔立刚在给老教师当助教的时候学到的东西特别多，老教师经常安排崔立刚给学生讲课。下课后，崔立刚会留下来听老教师的评语，就这样点点滴滴积累起来，崔立刚逐渐成长。崔立刚知道，教师是一个终身学习的职业，要不断地完善自己，不断地进步，不断地提高自身的素质，才能源源不断地为学生输送知识。学习在他心中不是任务，而是一个终身目标。

# 技能大赛

1994年，辽宁省举办了第二届青年奥林匹克技能竞赛，这是崔立刚人生中第一次参加技能比赛。比赛分两部分：第一部分是理论比赛，采用笔试的方式；第二部分为实操比赛。最后按照比例将两项考试成绩相加，成绩合格者职业技能等级可以晋升为高级工。崔立刚严阵以待立马投入到紧张的训练中。功夫不负有心人，经过刻苦训练，崔立刚以饱满的状态登上赛场。他进入赛场时，首先环顾四周，闭上眼睛，深深地吐出一口气，紧接着又深吸一口，反复几次，很快就进入竞赛状态。当竞赛开始时，他丝毫没有慌乱，第一步如何做，第二步又如何做，早已烂熟于心，一步接着一步，手上的动作既快又稳。崔立刚并没有感到时间的流逝，他只是高度集中精神将曾经千百次的模拟训练根据赛题内容进行排列组合，这既考验参赛选手的临场发挥能力，又考验基本的操作知识。最后，他如愿地夺得了本次技能大赛铣工第一名。

崔立刚看着荣誉证书，想起父亲曾经戴过的大红花，他满眼含着泪水。他知道荣誉是对一个人的肯定，如今儿时的愿望实现了，手里的荣誉证书也是一朵"红花"。他一脸笑意轻轻抚摸着证书，心里在想：拿下省赛冠军只是第一步，我还要参加10月份在日本举办的第32届世界技能大赛。这个赛事的试题采用国际标准，四件配合，其中包含所有铣削要素，相当复杂，选手需要在5小时30分钟内完成任务，超时会被视为放弃比赛资格。

大赛前两个月，杨老师就带着崔立刚他们进行训练。崔立刚知道正式比赛没有中途休息，需要一气呵成完成任务，没有强壮的身体就无法撑下比赛，这是对精神和肉体的双重考验。杨老师深知比赛的规则，他带着大家早起跑步、做俯卧撑，为学生提供最好的刀具。崔立刚在训练过程中没有丝毫抱怨，他每天都会利

⊙ 1994年，崔立刚（右一）参加在日本举办的第32届世界技能大赛

用空闲的时间擦拭机床，打扫场地。在崔立刚心里，机床就像战士手里握着的枪，需用心呵护，不能等到用的时候才想起来擦，要"时时勤拂尘，勿使惹尘埃"。

第32届世界技能大赛聚集了全世界的精英，参赛选手有来自日本的，有来自韩国的，还有来自俄罗斯的……世界技能大赛不同于国内的省赛，试题难度要比省赛高出几个层次，试件的精度要求高，时间要求严格。功夫不负有心人，崔立刚在竞赛中不畏强手、勇于拼搏受到了国内外专家的一致好评，展示了我国新一代技术工人的风采。崔立刚知道自己需要学习的东西还有很多，他在比赛结束后主动与其他参赛选手沟通交流。"滴水之恩当涌泉相报"，崔立刚在赛场上看着诸多外国选手，环顾国际赛场舞台，内心被深深触动，他感谢学校支持他参加这场国际比赛，感谢学校安排外语课程让他能够跟外国选手进行一定的交流，他更感谢杨老师的一路陪伴。他下定决心一定要为培养他的丰田金杯技校做些什么，他觉得这一切都是最好的安排。

崔立刚至今都保留着当年在日本参赛时的作品，那是他的得意之作，在他看来有机会与众多铣工高手交流是一件令人愉快的事。这次出国参赛，也让崔立刚知道"人外有人，天外有天"。崔立刚没有给中国工匠抹黑，他将中国工匠的精神很好地展示给了世界，这是他一辈子都自豪的事情。崔立刚是一个善于学习和总结的人，他没有骄傲，在高兴之余更看到了自身的不足，这为他今后的学习打下了良好的基础。

# 成为教师

　　第32届世界技能大赛结束后，崔立刚正式成为一名实习指导教师。1995年，崔立刚第一次当班主任，班级里的学生大多数比他小五六岁，都是长春一汽委培的。崔立刚和他们既是师生的关系，又是朋友的关系，在学习上对他们严格要求，在生活上给予无微不至的照顾。学生们都很喜欢崔立刚，又很惧怕崔立刚。一次在校内的足球比赛中，有一个学生崴脚了，没法起身站立，正好崔立刚在现场，他没有丝毫犹豫，找了一块木板，和别人一起将学生轻轻抬起，送去了沈阳最好的骨科医院——沈阳正骨医院。事情发生得特别突然，崔立刚将学生送到医院，先让跟随的人陪着受伤的同学，自己回家取钱交住院押金。

　　崔立刚每次回忆这件事都会感到后怕。他有时会想倘若自己不在操场，任凭学生们处理，那个孩子的脚极有可能落下残疾。崔立刚的担忧是对的，脚踝骨折不能用力，用木板将学生抬到医院是非常正确的选择，就连医生都说这是一个正确的做法。崔立刚在医院陪学生度过下半宿，到了第二天，医院里的病友问崔立刚床上的小伙子是他什么人，他告诉对方是他的学生。这位病友

⊙ 崔立刚（前排左六）作为班主任与95级铣工班毕业生合影

竖起大拇指，说："你是个好人，更是一个好老师，国家就缺你这样负责任的老师。"崔立刚挠着头笑着说："都是分内之事，换成任何一个老师都会这样做的。"学生家长来到医院后，不停地向崔立刚道谢。床上的学生一直皱着眉头，崔立刚问道："哪里不舒服？我去叫大夫过来。"学生急忙拽住他，说："老师，我好像不能参加实操考试了。"崔立刚看了看家长又转向学生说道："别乱想，先回长春养伤。我问过大夫了，你年轻脚伤好得快，准能赶上补考。"这个学生补考结束后，崔立刚又将他送上了开往长春的火车。

崔立刚经常鼓励他的学生努力学习，经常告诫他们要珍惜三年的学习时光。学生们也都知道崔立刚的经历，大家都由衷地敬佩他。崔立刚知道自己是怎样一步一步走到今天的，他更知道社会上大量缺少经过系统训练的技术员工，所以他在教课之前都会带着学生把上一堂课的内容简要复习一遍，他还会检查学生的笔记。崔立刚对他们说："字是一个人的门面，咱们作为技术人员要像雕刻师一样一笔一画将字刻在纸上。"崔立刚经常把自己写字的经历与大家分享，实际上他想告诉大家，写字与雕刻一样，"手要稳、眼要准、心要狠"，这九字真言，实际上也暗合武学之道，那个时候大家都喜欢看《射雕英雄传》，同学之间闲来无事还比画几下，崔立刚也喜欢，所以他将其拿来作比喻，目的是激发学生学习的兴趣。

三年很快就过去了，崔立刚带的这届学生也都走上了工作岗

⊙ 崔立刚（前排左六）作为班主任与97级机加班毕业生合影

位，他们当中许多人都成了长春一汽的生产骨干。时间的推移并没有冲淡师生之间的情谊，反而像一坛老酒藏得越久就越醇厚。学生们经常跟崔立刚联系，比赛获奖会告诉他，涨工资会告诉他，恋爱会告诉他，结婚会告诉他……学生毕业了依旧记得他，他也一直关注每一个学生的生活动态。

工作中的崔立刚踏实肯干、一丝不苟、任劳任怨，他的这种敬业精神影响着周围每一个人。崔立刚充分发扬敬业精神，在教学上时刻不松懈，努力探索职业教育的特点和规律，努力夯实学生们的基础知识，努力做到因材施教。他还努力帮助学生树立正确的学习目标，培养严谨的工作态度。学生们在崔立刚的教导下茁壮成长，他们每个人都庆幸自己能够拥有这样负责任的老师。崔立刚想得没错，社会上急需大量的技术人才，他希望自己教出来的学生在任何地方都能成为一根顶梁柱。崔立刚就像撒种一样，对学生进行浇灌与看护，等到他们成长起来的时候，他就放心了。2021年，崔立刚在长春工作的学生获得了中华技能大奖，他听到后无比欣慰。

## 继续学习

崔立刚可谓一个多面手，他是科班出身，有着精湛的铣削技术；他能够熟练操作平面磨床、外圆磨床、数控铣等多种机床；

他具有丰富的实践经验，在年轻教师队伍中是一个综合素质很高的"新星"。崔立刚没有骄傲，没有原地踏步，没有满足于过去，他具有较强的理性思维，能够清醒地认识到自身理论知识的欠缺。看到社会在飞速发展，高水平人才像雨后春笋一样一茬又一茬地成批冒出头来，崔立刚感受到了压力，他不想自己将来成为被淘汰的人，不想将来站在讲台上讲着落后的知识，不想拿着曾经的成绩向学生炫耀。

经过一番思量，他决定参加东北大学的成人高考补习班。1995年，崔立刚经过一年的补习顺利考入沈阳市联合职工大学计算机应用专业（专科），学制为4年。这所学校在2003年与沈阳职工大学、沈阳市机电工业学校合并为沈阳职业技术学院。1999年，崔立刚取得大专文凭，他的视野更加开阔了。崔立刚在读大学的时候，总会想起自己初入技校时因为劳累想要辍学考高中的事，他还记得自己在饭桌上与父母交谈的每一句话。崔立刚说："萌生退学之念的时候，倘若坚持不下来，即便重新参加中考考入高中，读书之路也不会长久。"他觉得人不论做哪一个行业，厨师也好，铣工也罢，教授也好，司机也罢……各行各业都有压力，有压力不能退缩，俗话说："压力像弹簧，你弱它就强。"崔立刚是一个能够坚持的人，他最不怕的就是压力，越有压力他就越有动力。当初备考大学时，崔立刚严格控制休息时间，每天只睡6个小时，晚上12点睡觉，早上6点起床，白天还要正常工

⊙ 崔立刚在进行数控编程

⊙ 2004年，崔立刚获得"沈阳市劳动模范"荣誉称号

作，整个人就像陀螺一样不停地转。待他扛过这段时期后，回头再看，自身得到了很大的提高。

崔立刚在沈阳市联合职工大学学习时，知识面得到了拓展，技能得到了显著提升。1997年，崔立刚在沈阳市第四届职业技能竞赛中获得了铣工第二名，破格晋升为技师，荣获了"沈阳市技术状元""沈阳市职工主人翁楷模""沈阳市青年岗位能手"三个荣誉称号，这一年他24岁。从1997年开始，崔立刚的人生便是逐级向上的。他那时候是用"两条腿走路"的，一边读大学提高学识，一边给学生讲课。他知道"为人师表"这几个字的分量，更明白榜样的力量。崔立刚小的时候以父亲为榜样，初中的时候以班主任为榜样。升入技校之后，认识的人多了，眼界打开了，有了更多敬佩的人。崔立刚成为老师后，也成了学生们的榜样。

## 步步前进

1999年，崔立刚迎来了两件具有重要意义的事，第一件是他从沈阳市联合职工大学毕业，获得了大专文凭。现在或许有人会对这个学历不以为意，但在那个年代，大学教育还远没有现在这样普及，能取得大专文凭是一件非常令人自豪的事。第二件是他被沈阳劳动局聘为"职业技能鉴定铣工高级考评员"。2000年，崔立刚带着学生下工厂实习，他见到了自己以前带过的学生，他们早已经是业务骨干了，工厂也发生了很大变化，厂房是新的，机器是新的，技术也是新的。他想起了自己第一次下厂实习的场景，不无感叹，一方面觉得时间过得飞快，另一方面觉得整个社会都在积蓄力量。他预感到千禧年过后中国会迎来一个井喷式的发展。崔立刚看着一张张稚嫩的面孔和一双双坚定的眼睛，仿佛看到了未来，这个未来也许是十年，也许是二十年，总归不会太久，他会见证一个又一个出现在神州大地上的奇迹。

2000年10月，崔立刚从实习工厂回到学校。这几年学校领导见证了崔立刚的成长，对他的工作能力都竖起大拇指。他们一致认为崔立刚应该承担更重要的责任，发挥更大的作用，经集体研究，安排他做一名实习教学干事，管理实习教学的工作。崔立刚在听到这个任命后，有些惊讶，他觉得自己身上的担子一下就重了起来。他知道学校这样的安排必定是经过深思熟虑的。崔立刚为了能够妥善将课程排好，为自己制订了初步的计划：第一，了解实习工厂的设备种类，统计实习工厂的设备的数量；第二，与每一位老师进行沟通，了解教师的授课能力，掌握授课的大体内容，尽量做到"人尽其才，物尽其用"；第三，利用休息时间继续办公，直到一切安排妥当。崔立刚在极短的时间内全面掌握了情况，他的前期努力没有白费，在做实习教学干事期间没出现过一次差错。崔立刚经过这些年的锻炼，褪去了腼腆，能够及时地与各授课教师沟通，在教学内容上，他也提出过一些宝贵意见。

2002年5月，崔立刚担任实习工厂厂长助理，全面负责实习教学管理工作。同年8月，崔立刚参加沈阳市第六届职业技能竞赛取得了铣工第一名，被沈阳市总工会评为"沈阳市岗位技能带头人"和"沈阳市职工创新楷模"。崔立刚参加完市赛之后紧接着在辽宁省职工职业技能竞赛中取得铣工第二名的成绩，获得了"辽宁省铣工技术能手"的称号，破格晋升为高级技师。崔立刚对这次比赛成绩颇为遗憾，他本可以取得第一名，可是在加工最后一个工件时产生了弹性变形，平口钳的测量和虎钳测量数据不一样，出现了一个小小的失误。崔立刚明白失误不分大小，他很快就找回了状态。转年5月，崔立刚得知自己和另外三名铣工将代表辽宁省参加全国职工职业技能大赛铣工决赛，他激动得一晚都没睡着，同时他也感受到了无形的压力。崔立刚每次都能在压力之下实现突破和提升。他有时候也会自嘲道："这名字没白起。"比赛前记者采访他："请问您现在紧张吗？"崔立刚说："不紧张。"记者说："看样子您的抗压能力很强。"崔立刚说："百炼成钢，有压力才能有动力。"记者说："好有力量的话语，您觉得自己在这场比赛中会取得一个怎样的成绩呢？"崔立刚说："必然是第一名，如果是拿第二名我就觉得自己输了。"记者张大嘴巴，一脸不可思议地看着他。

其实，崔立刚对这次比赛的信心不是盲目的，他的信心来源

⊙ 2002年，崔立刚参加沈阳市第六届职业技能竞赛

于自己是丰田金杯技校的首届毕业生，来源于自己进入这个行业以来从未有过一丝懈怠，来源于自己一直接受着最严格的技能培训，来源于十年间点点滴滴的积累，来源于各种赛事的沉淀。崔立刚对第一名志在必得，他要以此来弥补省赛留下的遗憾。他很快就进入备战状态，每天除了吃饭、睡觉和上班，其余时间都用在看书和练习技能操作上，他会按照评分标准仔细测量自己的工件，实操成绩由开始的波浪状慢慢地持续平稳，保持在95分左右。崔立刚知道，独自练习会有一定的局限性。俗话说"当局者迷，旁观者清"，自己加工，自己测量能够节省时间，若存在误差就没有办法及时改正，他就同辽宁代表队的其他队员，按照评分表互相打分，抱成一团共同进步。

2003年7月，崔立刚代表学校优秀教师队伍去日本参加为期一周的优秀师生赴日研修。在此期间，无法进行实操练习，他决定暂时改变学习重点，把精力转移到理论上，于是就带了一整箱的书来到日本，同行的人无不佩服他的学习劲头。崔立刚总是为他人着想，他在学习的过程中不打扰任何一个人，还会照顾同住的年纪较大的老师。在研修期间他往往都是等别人睡着后才打开台灯，有的时候还会在厕所里，一页一页认真地读书，有时在外面的路灯下看书。日本研修结束后，崔立刚立马进入竞技状态，为了节省时间，他吃住都在学校里。

10月22日，全国职工职业技能大赛铣工决赛正式开赛，下午1点钟崔立刚参加了实践技能的操作比赛。赛场上的崔立刚拿起刀

⊙ 2003年，崔立刚参加全国职工职业技能大赛铣工决赛

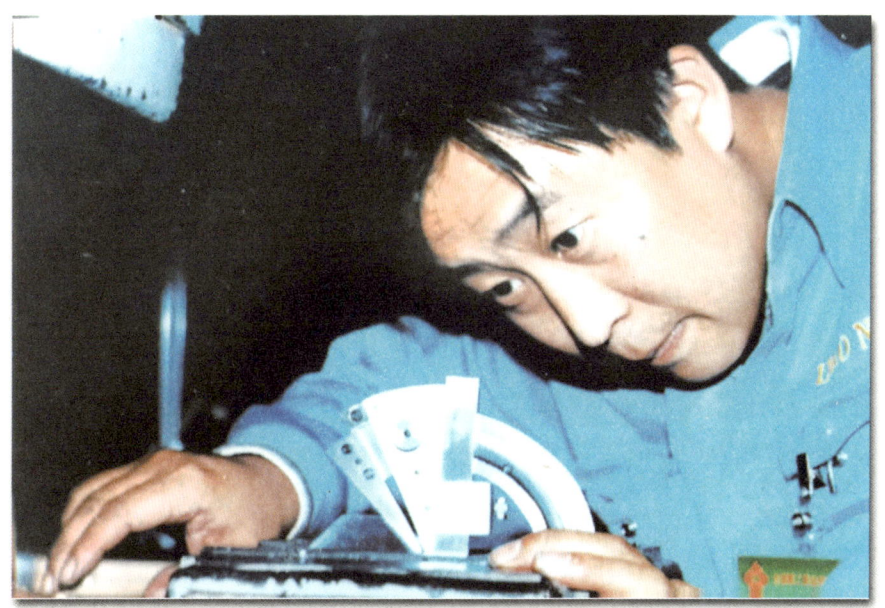

⊙ 2003年，崔立刚参加全国职工职业技能大赛铣工决赛

具就仿佛变了一个人，像小李飞刀一样，飞速精准地操作，在五个小时中，他脑海中出现了一道又一道清晰的轮廓，这些轮廓凝聚成一个工件浮现在他的眼前。崔立刚的技能操作非常顺利，在接下来的理论考试中，也非常顺利地答完了试卷。来自全国的84名铣工高手经过三天的激烈角逐，比赛终于落幕。崔立刚以90分的高分一举夺魁，获得了"全国技术能手"的称号。

夺冠后，各大媒体争相报道，一时间崔立刚成了焦点人物。崔立刚并不认为自己是被上天眷顾的幸运儿，他不骄傲、不浮躁，他非常感谢培养他的学校，非常感谢他的家乡。他觉得获得全国大奖不算什么，在辽宁省，在沈阳市，还有无数的新一代技术工人在为东北老工业基地贡献力量。"高树靡阴，独木不林。"崔立刚希望通过这次比赛能够为更多的工人加油打气，他希望大家都拧成一股绳，齐心协力为建设祖国添砖加瓦。

2004年，沈阳市人民政府授予崔立刚"沈阳市劳动模范"称号，同年，他又被沈阳市总工会、沈阳市劳动和社会保障局、沈阳市人事局和沈阳市财政局授予"沈阳技术大王""职工创新楷模"等称号。崔立刚的努力得到了众人的肯定和支持，同时也带动了更多人奋勇向前。

# 家人支持

人们都说，一个成功男人的背后总会有一个默默支持他的女人，崔立刚的成功也是如此。崔立刚的妻子名叫倪翌，是辽宁装备制造职业技术学院的一名实习指导教师，她跟崔立刚一样都从事职业教育。倪翌有着高超的操作技能，曾荣获"沈阳市技术大王""沈阳市青年岗位能手"两个称号和"沈阳市五一劳动奖章""沈阳市五四青年奖章"两枚具有代表意义的奖章。她还是辽宁装备制造职业技术学院的优秀教师，她教学严谨，爱岗敬业，关爱学生，被同学称为"倪妈妈"。

崔立刚在决定备战大赛时不想劳烦妻子，他觉得妻子一边工作一边带孩子已经超负荷。夫妻俩平日里都是轮流看孩子，家务没有明确分工，两个人像是一个人，做什么事都是同步前行，都能为对方考虑。

崔立刚做完家务后，躲在房间里记笔记，背知识点，打个哈欠后立马摇摇头，喝一口水清醒一下。倪翌看在眼里，疼在心上，她知道崔立刚是为了照顾她的感受。崔立刚跟倪翌聊天时经常说"男人是铁打的"，什么事都得冲在前面。崔立刚在娶妻成家乃至有孩子后一直都细心地照顾妻儿。一天，崔立刚把儿子哄睡，关上门，来到客厅，没等他开口，妻子就说道："明天我带孩子回娘家，你专心备战，一定要做出成绩来。"崔立刚没有说什么，给了她一个深沉的拥抱。

倪翌的知书达理为崔立刚减轻了不少压力。崔立刚在心烦意乱或者遇到不懂的问题时会和倪翌讨论。夫妻二人经常一起想办法解决难题，两人是夫妻，是朋友，是战友。倪翌是崔立刚的动力，崔立刚是倪翌的港湾，两人互相成就，互相搀扶，携手进步。"人生得一知己，夫复何求！"爱是互相扶持和成就的，崔立刚对倪翌的爱，比山高，比海深，倪翌对他也是如此。

# 第四章　百炼成钢——崔厂长

# 重任在肩

崔立刚在人生每个阶段都走得特别踏实，一步一个脚印。他在教学上尽职尽责，在当班主任期间十分爱护学生，在家里是一个疼爱妻子的丈夫。一个个担子压在他的肩上，正如父亲说的那样，"百炼成'刚'，像钢一样受尽锤打磨炼，终成精钢，到任何岗位都能发挥作用"。崔立刚的高度自律让他成为行业的明星，他没有骄傲，依然努力完成学校交给的每一项任务，有竞赛就全力准备，有教学就认真备课，有什么工作便做什么，从未发出一声怨言。崔立刚只是行业的一分子，不能神化他，不能夸大他，他就是他，是一个有血有肉的人。他认为，如果个人的付出和劳累能带动整个行业的进步，能影响周围人的状态，能推动大家向前，那么便是值得的。

2004年3月，崔立刚担任金杯公司教育中心实习副厂长，全面负责实习教学。他需要编制实习教学计划，制订中短期培训计划，组织实习厂教师教研活动，实习教师考核，对外技能鉴定……工作内容很多，都是崔立刚曾经接触过的。他没有因为自己成为副厂长而骄傲自满，他依旧如往日一样，踏踏实实地工作，为学生和老师们排忧解难，大家都很喜欢他。

2005年，崔立刚受团中央委派参与首届"振兴杯"全国青年职业技能大赛钳工决赛的检测工作。同年，崔立刚作为主审参与《金属切削加工基本技能实训教程》一书的编写。

2005年11月，崔立刚赴日本参加丰田汽车公司举办的世界技能大赛教练员培训。通过这次培训，他进一步开阔了视野，在技术层面有了不小的提升。崔立刚在丰田公司培训期间除了进行按部就班的培训外，还了解了丰田公司选拔选手的具体操作流程。丰田公司分三个阶段进行选手选拔，在选拔过程中有着精密的计划，每一步都要按照计划实施。在训练方案和选手评价上，丰田公司也有着一整套周详的方案。

崔立刚通过一周的培训，看到了日本专家的敬业精神，也看到了日本工业的成熟。在培训期间，他看见日方专家侃侃而谈向学生展示日本工业成就时会想到自己的国家。崔立刚在听课时经常攥起拳头，为自己加油打气，为祖国加油打气。他早就意识到我们国家正蓄势待发，他也下定决心一定要为国家和社会的发展作出贡献。

崔立刚在日本之行后知道了"人外有人，山外有山"，更加明白了学习没有尽头，在这条永无止境的路上，人人都有可能被超越，人人都有可能成为别人的老师。

⊙ 2005年，崔立刚（左二）赴日本参加世界技能大赛教练员培训

# 推广技法

很多人都羡慕崔立刚能获得那么多项荣誉，崇拜他拥有精湛的技术，可只有他自己知道这些都是用日日夜夜的勤学苦练换来的。崔立刚经常想起父亲在厂子里曾被人尊称为"崔师傅"，想起父亲收的那些徒弟，想起父亲在赞美中没有迷失自己，依然一丝不苟脚踏实地向前走，这时崔立刚就会拿自己和父亲做一个比较。他知道自己是父亲的期望，更知道父母不求别的只求他们的孩子能够堂堂正正做人，脚踏实地做事。崔立刚确实做到了，他没有把从父亲那里传承过来的敬业精神弄丢，没有给父母丢脸。

崔立刚已经坚持了很多年，在以后的生活中他还会坚持。"人生如逆水行舟，不进则退"，他对自己的高标准要求实际上也是他们这一代工人的集体特质。崔立刚具有的较高水平的操作技能和独特的加工绝技已被中华全国总工会推广开来，其中在独特加工方面有同尺寸集中切削工艺、刻度盘对"0"操作工艺、尺寸中差加工工艺、粗精加工分开操作工艺、粗精加工分步进行和塞尺检验操作工艺。首先，同尺寸集中切削工艺是在安装一次铣刀的前提下，将相同尺寸的各个工件放到同一工序中加工，减少对刀、测量、换刀等辅助时间，使尺寸公差既得到保证又提高了加工效率。其次，刻度盘对"0"操作工艺是在测量后得出的工件加工余量在刻度盘上反映出来，当工件达到规定尺寸时，刻度盘为零。这种操作法最大的优点是测量准确后，给定切削深度、宽度时不容易出现失误。再次，尺寸中差加工工艺是所有尺寸都按给定公差的中差进行加工，保证尺寸精度，装配精度（间隙、平面度），可避免自己使用的量具在校正、测量方面与大赛裁判检验用的量具间存在误差。从次，粗精加工分开操作工艺是粗、精加工工序实施时，采用同尺寸集中切削法，避免工件内应力所引起的加工误差和工件变形。最后，粗精加工分步进行是粗加工后各表面均留0.5mm的精加工余量，在精加工时可以使用适当的夹紧力夹紧工件，工件不易出现变形，尺寸精度得到保证。另外，塞尺检验操作工艺是解决了操作者只能凭借自己的经验和眼睛观察直角尺、万能角度尺测量面与工件表面的贴合情况而无法掌握准确的测量值这一难题。他还参与编写了由中国职工技术协会主编的《全国职工职业技能大赛优秀操作技法·实战演练（铣工篇）》一书。该书分为两部分，第一部分是文字材料，里面详细记录了一些先进的操作技能法；第二部分为演示部分，崔立刚的示范操作被刻在这本书附带的VCD光盘里。

《全国职工职业技能大赛优秀操作技法·实战演练（铣工篇）》出版后获得了广泛的好评，VCD技能演示部分对职业技术学校的实践操作有着良好的指导性，企业和社会培训机构也能用这本书作为指导材料，对自学者来说是不可多得的"贴身教师"。崔立刚在编辑过程中提供了一些良好的建议，在参与编写图书时就已经考虑到受众群体，无论自学者还是教师都需要一本有价值的、易入门的、具有参考性的书，他在编写之前就将这些因素都考虑进去了。参与编写的过程也是对学过的知识进行归纳总结的过程，这对他来说是一项挑战，更是一个提升自己的好机会。他非常感谢中国职工技术协会的信任。努力就会有收获，崔立刚参编的《全国职工职业技能大赛优秀操作技法·实战演练（铣工篇）》成为第二届全国职工职业技能大赛的指定教材，许多参赛选手都从里面学习符合自身专业发展的知识。训练场上，崔立刚看到每个人都在挥洒汗水，都在看书吸取知识，很是欣慰。

# 厂长之后

2006年，崔立刚34岁，极高的自律性让他在工作和学习上一直是别人的榜样。这一年1月份，崔立刚被学校任命为辽宁丰田金杯技师学院实习厂厂长。在崔立刚眼里厂长只是一个称谓，他首先是一名铣工，需要不断地学习知识、积累经验，其次是一名人民教师，最后才是别人嘴里说出来的——厂长。崔立刚从2006年1月开始担任厂长一职，一直到2012年1月才结束，总共在职6年。

起初，学生们都很畏惧这位崔厂长，时间久了，接触多了，都愿意亲切地喊他一声"崔老师"，崔立刚非常喜欢"老师"这两个字。他一听别人叫他老师，内心便洋溢着一股暖流，他也愿意跟学生们打成一片。正如崔立刚所说："打成一片不是放纵，而是引导学生在学习上做到一丝不苟，不容半点儿马虎，在生活上要有自律性，在精神上要有抗压能力，当然这一切都要围绕两个字——关怀。"崔立刚成为厂长之后，要考虑实习教学的管理，要执行教务处下达的教学目标，要制订高职实习的教学计划和各分校实习教学计划，还要管理厂里的设备……事情很多，他依旧会抽出时间到学生宿舍看看，深入了解学生的身心状况，经常为学生排忧解难。崔立刚每天都会摸到冷冰冰的钢材，每天都会像雕刻师一样在钢材上刻着各种线条。

2006年5月，辽宁省劳动和社会保障厅和辽宁省总工会共同委托崔立刚为辽宁省第二届职工职业技能竞赛编拟铣工实操试题。同时，崔立刚也为辽宁省中等职业学校技能竞赛编拟车工实际操作试题，该试题分为学生和教师两个组，他身兼数职，既是出题老师也是赛事的评委和评审组长。崔立刚还担任了第二届辽宁省数控大赛的评委，他的严谨态度早被行业里的人所熟知，他的名字甚至成了一个标志。

2006年11月，崔立刚成为辽宁队铣工教练，他带领辽宁队参加全国职工职业技能大赛，选手时满龙获得铣工第一名，庞连双获得铣工第六名，朱传勇获得铣工第十名，徐学良获得铣工第十七名……崔立刚所带领的辽宁队获得团体总分第一名。这场比赛再一次让全国认识了辽宁省的工人。崔立刚是全国职工职业技能大赛历史上第一个双重身份的参与者，他既是带队教练，又是参赛选手，在经过激烈的竞逐后获得了个人冠军。大赛结束后，崔立刚被沈阳市总工会主席鞠秀礼亲切接见，又受中华全国总工会委托为所有参加大赛的选手做技术点评报告。

崔立刚喜欢看选手们在赛场上专注的劲头，他认为这份专注能够展现工匠精神。他明白每个人所表露的"精气神"是不一样的，可他从选手们身上看到了近乎相同的精神，那份拼搏，那份坚韧，那种极具向心力的、感染人心却又不可言说的感觉，崔立刚形容它为"一个民族骨子里迸发出来的力量"。相比赛场上的选手，崔立刚的经验较为丰富，他有过出国学习的经历，曾切身体会到外国工业的先进。崔立刚认为外国工业固然先进，但祖国前进的步伐是势不可挡的。他的盼望正在一步一步地实现。

## 再次受邀

2007年，崔立刚进入由共青团中央和共青团沈阳市委举办的首届"双办证"学习班。以前，他总听别人称他为"劳模"，可自从参加学习班之后他才知道什么是真正的劳模。崔立刚一直秉持着不骄傲、不气馁的做人原则，他很少向别人提及曾获得的那些荣誉，他觉得一个人总是回忆过去，总是拿过去的成绩来彰显自己就会渐渐地囿于过去，无法向前看、向前走。2007年7月15日，崔立刚从沈阳工业大学毕业后取得本科学历，同年7月，他受云南省总工会和昆明市总工会的邀请奔赴昆明参加全国高技能人才表演活动。

2008年，崔立刚受国家劳动部委托编写《国家技能鉴定铣工职业标准》，8月下旬，此书通过劳动部相关专家的第一次审核。9月，崔立刚到天津参加由劳动部主办的全国职业技能竞赛裁判员培训班，他经过层层考核获得了全国技能大赛裁判员证书。11月，崔立刚再次成为辽宁省铣工队的教练，带领辽宁队参加"振兴杯"全国青年职业技能大赛，同时他被团中央和劳动部聘为裁判员。

崔立刚的带队能力是顶尖的，这次的全国大赛他带领辽宁队取得了优异的成绩，选手王刚获得铣工第一名，朱传勇获得铣工第六名，信志伟获得铣工第八名。辽宁队团体总分排名第一。

2010年，崔立刚带领辽宁省机械设备安装工队伍杀入全国青年职业技能大赛总决赛。赛前崔立刚告诉队员不要看重结果，要学会享受比赛过程，享受是释放压力的绝佳方法。在崔立刚的指导下，辽宁队选手刘刚获得机械设备安装工冠军，董爽获得机械设备安装工第二名，黄启明获得机械设备安装工第四名。这个成绩在崔立刚看来是正常发挥，他对自己的队员有足够的自信，这种自信是经过无数次实践自然而然形成的，更是一个团队凝聚力的体现。崔立刚知道他的学生每一年都在飞速进步，他自己也在不停地学习以免被时代落下。

崔立刚的努力就像一个雪球越滚越大，他一直没有停止不前，没有安于现状。责任越大，对能力的要求就越高。崔立刚一

⊙ 国家职业技能竞赛裁判员胸卡

直在严格要求自己，别人不会的，他要会；别人会的，他要做到精通。他一直以自己是一个人民教师为荣，以培养学生为荣。他就像一个园丁，时刻都要往"大棚"里浇水施肥，见证一颗颗种子破土而出、开花结果。崔立刚每次见到学生都会意识到自己做得不够多、不够好。学生也是崔立刚前进的最大动力。

崔立刚是职业学校的老师，也是沈阳市职工技术协会理事，还是辽宁省职工技术协会理事。他曾获得"辽宁省青工技术能手""辽宁省社会主义建设突击手""辽宁省铣工技术能手""辽宁省青年岗位能手"等称号。很多人都羡慕崔立刚能够拥有众多荣誉，但崔立刚不在意这些外界评价，他认为这些荣誉称号是对他的肯定和支持，是促使他前进的动力，荣誉越多承担的责任和压力就越大。相比之下，他认为做老师教学生才是最快乐的事。

# 成立工作室

2012年10月，国家人力资源和社会保障部正式启动中国高技能人才海外培养项目。此项目旨在引入高端技术，培训我国技能人才，加强国际交流与合作。次年，经国家人力资源和社会保障部批准，崔立刚技能大师工作室正式成立。崔立刚成为第一期中国高技能人才海外培训团的一员，他跟随团队来到澳大利亚开始为期21天的海外学习。崔立刚所在的第一期培训团主要学习地点在新南威尔士州的悉尼、昆士兰州的布里斯班和维多利亚州的墨尔本。

崔立刚这次出国学习要比上一次去日本学习的时间长很多，能够较为从容地熟悉国外职业技能的相关状况。这次培训的内容非常丰富，有理论讲座，有研讨互动，有实地参观，有专业访问，有公务交流……在这21天里，崔立刚每天都是充实的，每天的日程安排都有条不紊。

澳大利亚在培养技工方面有着较为完善的法律法规和较为完备的培养体系。培训团每位团员都打起十二分精神，在课堂上激烈讨论，每次培训后，崔立刚都带头做笔记整理一天学习的内容。崔立刚早已体会到这几年国内的职业教育在大踏步地向前走，国外的职业教育发展也是一样，他认为，借鉴值得借鉴的，学习应当学习的，把国内外职业教育的长处结合起来，寻找一条适合自己国家的教育之路才是上策。

经过21天的紧张学习，崔立刚顺利完成了培训。通过这次培训，他深刻了解了国内外职业教育的差别。他知道自己的力量十分微小，可还是希望能够为职业教育出一份力，他更明白学习之路是永无止境的。崔立刚认为在自己进步的同时推动别人进步是一件无比快乐的事情。

2015年，辽宁省举办第五届职工职业技能竞赛，竞赛工种有加工中心四轴、数控装调与维修技术、焊工和动画绘制员。与前几届相比这届竞赛工种明显更为贴近时代要求。崔立刚担任此次竞赛的总裁判长，负责组织竞赛和编写各工种技术文件。同年，第五届全国职工职业技能大赛顺利开赛。崔立刚在开赛前为辽宁参赛选手集训，同时他还担任辽宁省数控装调与维修技术指导。经过紧张的准备，辽宁省代表队在第五届全国职工职业技能大赛中取得团体总分第二名的成绩。崔立刚一直认为赛场是最好的学习场所，名次只是检验成果的附属品，所以他不在意排名。他觉得辽宁省代表队总分第二名说明其他省份的技工技能也在进步，这体现着全国技术工人整体性的良好发展。他非常欣慰。

## 离开"金杯"

2015年11月，崔立刚没有过多准备就迎来了人生的又一重大变动，他离开了学习和工作25年的"家"——辽宁丰田金杯技师学院[1]，来到了辽宁装备制造职业技术学院，此时他42岁。他对这次的职位调动没有流露太多情绪，只是觉得去哪里都要怀着饱满的热情来面对新的生活、新的工作和新的挑战，去一个地方就要在一个地方发挥作用，带动一批人奋斗前进。

2006年，辽宁省人民政府根据东北老工业基地的现实发展需求，决定整合辽宁现有的社会资源，成立一所公立普通高职院

---

[1]　辽宁金杯高级技工学校于2009年经辽宁省政府批准晋升为辽宁丰田金杯技师学院。

校——辽宁装备制造职业技术学院，它与辽宁开放大学是资源共享的兄弟院校。2007年，辽宁省劳动经济学校并入辽宁装备制造职业技术学院。现在该学院设有北陵、蒲河和榆林三个校区，占地面积37万多平方米，其中蒲河校区坐落在沈阳市沈北新区蒲河新城裕农路70号，占地面积30多万平方米。北陵校区坐落在沈阳市皇姑区黄河北大街50号，占地面积1.7万平方米。榆林校区坐落在沈阳市大东区榆林大街53号，占地面积5.1万平方米。

辽宁装备制造职业技术学院有现代装备制造博览中心、综合实训楼、产教融合学训中心、实训工厂、文体馆和数字化图书馆，馆藏纸质图书42.84万册。学院现有在校生9056人，教职工720人。崔立刚对这所学校较为熟悉，他的妻子倪翌就是这所学校的老师，两个劳模齐聚同一所学校，在工作上"双剑合璧"，能够发挥更大的作用。

2017年，崔立刚担任辽宁省职工职业技能竞赛总裁判长，这场竞赛工种有多工序数控机床操作调整工、焊工和工具钳工，需要做许多准备工作。2018年，崔立刚再次担任辽宁省职工职业技能竞赛总裁判长，这一届的竞赛工种有加工中心、焊工、工具钳工、网络安全员、数控维修装调工和砌筑工，与上一届相比，工种和工样有了明显的变化。崔立刚是参加这次竞赛的辽宁省数控维修装调工领队，这对他来讲是一个不小的挑战。

2019年，崔立刚担任辽宁省职工技能大赛监审。2020年，崔立刚成为沈阳市"百千万"职工技能大赛总裁判长。2021年，崔立刚担任辽宁省职工技能大赛的数控铣、数控加工中心操作工裁判员和数控车工裁判长。这三年对崔立刚来说既具有挑战性又过得很充实。

世界著名的演说家、企业家、教育家博恩·崔西说过一句话："成功等于目标，其他都是这句话的注解。"崔立刚较为认同这句话，他觉得人生在世需要有目标，一个人一旦有了目标的指引就会有前进的动力，就会有责任心、有使命感、有自律性，能够去做一些有意义的事情。崔立刚的目标不是获得荣誉，不是获得奖金，不是获得地位，他的目标其实非常简单，一是自身的努力和学习，二是引导别人努力和学习。崔立刚很喜欢自己学习的同时也带动别人去学，他更喜欢培养一个又一个"种子"，看见他们长成参天大树成为一个行业的中流砥柱，为建设祖国贡献自己的力量。

其实职业追求就像航行一样，需要正确的目标。很多人在人生道路的选择上没有找到自己的正确目标，或者说错失了正确的目标，迷失了方向，忘记了初心，失去了前进的动力。有了正确的目标才能集中所有的精力，有计划、有节奏地拼搏努力。崔立刚是幸运的，在技校学习时想过退学，在父母的教导下调整了心态，正视前方道路，然后像一条小溪一样慢慢地前行，慢慢地积蓄力量，成为一条河流、一片海洋，成就自己的同时也帮助他人成为更好的自己。

⊙ 2018年，崔立刚参加2018年中国技能大赛第六届全国职工职业技能大赛

# 第五章　岁月如歌

# 同学情谊

2022年，49岁的崔立刚脸上早已褪去了年少稚气，刻上了些许沧桑。他在照镜子的时候不免感叹，脑海中慢慢地浮现出父母的面庞。一代人成长，一代人老去，崔立刚看着站在自己身边的儿子已长成大小伙子，看着陪自己一路走来的妻子，他突然觉得生命真是一种传承。他更加体会到父母当年对自己的疼爱。崔立刚的名字散发着阳刚之气，他本人却有着柔情的一面。从农村一路走到现在，他见过太多的人、太多的事，教过太多的学生，参加过太多的竞赛，拿到过太多的荣誉。

崔立刚一直在超负荷工作，过度的劳累给他的心脏带来了3个支架，可是他依旧没有放弃教学。他认为人从出生开始就是在消耗生命，在消耗生命的过程中，帮助他人成长是一件非常有意义的事。如今崔立刚已近知天命之年，对人生有了更多的感悟，闲暇时喜欢坐在办公室的椅子上，望着在操场行走的学生，回想自己教过的那些淘气的学生们，回想那些年一起在丰田金杯技校的同学们。他想得很多，有高兴的，有悲伤的。我们为了能够深入了解这位东北男人的内心，特意对他进行了一次采访，陪着他一起回忆那些年难以忘怀的人和事。

⊙ 崔立刚与妻儿合影

采访者：人上了岁数，就是喜欢回忆，丰田金杯技校可以说是你人生扬帆的出发点，你还是这所学校的首届毕业生。

崔立刚：是的，我于1990年来到丰田金杯技校上学，1993年毕业。

采访者：这一晃三十年就过去了。

崔立刚：对呗。真的特别感谢丰田金杯技校，可以说这所学校就是我的"家"。

采访者：在那个通信不便的年代，你与首届"家庭成员"还能联系上吗？

崔立刚：有的能，有的不能。比如说我的室友，也是我的兄弟侯放，我俩是上下铺，现在经常联系。

采访者：那你们的关系真是够铁的。

崔立刚：对，我俩是兄弟。他当年毕业后去了"金客车"的人事处，因为他字写得好。

采访者：字写得好？

崔立刚：对，字是一个人的门面。侯放写字相当漂亮，当年他去"金客车"面试，那儿的人事处处长看他字写得好，就告诉他别去车间了，就把他留在了人事处。后来人事处人满了，让他下厂工作。正好赶上"网吧"这一行正火的时候，他就辞职不干了，开了一年网吧。

采访者：开网吧？

崔立刚：对。他开了一年之后就不做了，然后回归老本行，他本身就是学机械的。

采访者：原来你的同学还有这么一段经历。

崔立刚：岂止一段。他后来去了"新光"，工作一阵后，又去了一个民营的公司。这个民营公司当时在沈阳规模很大，他去当质检员。工作几年之后，他又去了一家中美合资的企业，也是做质检员，检查一些发往外国的工件，他的责任也比较大，质检要是出问题就会给工厂带来损失。

采访者：那他做质检不就是脱离自己的老本行了？

崔立刚：也不能这么说。最开始他在新宝路那儿的工厂工作过一段时间，所以有了一些经验，而且检查的工件都是他熟悉的，只不过后来因为咱们工业的进步，生产线的升级，质检的工件就超出了他原本接触的范围了。

采访者：那对不熟悉的工件，检查起来就会很困难吧？

崔立刚：是呗。好在他热爱学习，一直没断了学习。他刚开始做质检的时候检的都是一些普通的工件，使用的是一些普通的量具，我俩就在一起交流探讨。说实话，起初我还是比较有优势的，我们在上学的时候就互相比着学，我还是机械制造课代表，可以说稍微压了他一头。后来我就不占优势了。

采访者：你们两位是同学，是室友，还是哥们儿，这种比着学，不但不伤感情，反而让你们变得更有动力了。

崔立刚：那倒是，他做质检的时候，我们在一起交流，说实话，我还有点儿小骄傲。后来，工件变了，量具也变了，反而是他给了我很大的帮助，特别是我有时候得训练，得比赛，有些问题我会跟他一起探讨。举个最简单的例子，我目前使用的卡尺长度是500mm，也就是半米，他现在质检的时候，能用到一米甚至是两米的卡尺。这种卡尺在测量的时候对手劲儿有要求，测量人员还得有方法。

采访者：原来工件在改变，量具也在改变。

崔立刚：那次我俩去沈阳这边的一个旧书摊，见到了一本比较老的有关量具使用方法的书，书上都是一些通用的知识。虽然工件在改变，可量具的使用万变不离其宗，大体方法都是一样的。

采访者：那量具通常会用在哪些方面呢？

崔立刚：比如说"锥孔"需要，还有辅助测量的时候需要，方方面面都能用到。"物是死的，人是活的"，得多动脑筋，这里面门道很多。

采访者：那除了工作和学习，还有哪些让你到现在都忘不了的事情？

崔立刚：我跟他之间的事情特别多，从一起读书，到现在，三十几年的交情。有一年冬天，应该是下午，我记得我们班主任是在隔壁上课，当时我们没有课，在自习，班长跟我们一样喜欢踢球，然后我们为了避免被老师发现，就一个个爬出教室。我们到了操场就开始撒欢了，只顾着玩，没注意安全。两个同学在顶头球的时候撞到一起，其中一个同学到现在脸上还有一道疤。

采访者：那可挺惊险的。

崔立刚：那时候大家也爱玩，有活力，也有荣誉感。纪念"一二·九运动"的时候学校组织长跑，大家也都愿意参与，提前一个月或者半个月开始练习，老师带着我们一起训练，一练就是一个月。

采访者：也是一种锻炼。

崔立刚喜欢锻炼，喜欢踢足球，喜欢那种挥汗如雨、驰骋操场的感觉，他喜欢看足球比赛，喜欢足球这项运动。崔立刚还喜欢登山，站在高山之上，放眼望去，一切景色尽收眼底，那种"一览众山小"的感觉令他痴迷。"我善养吾浩然之气"是崔立刚的追求，后来，他心脏出了问题，就不再做这些激烈运动了，他喜欢上了钓鱼，喜欢看流动的水面。他觉得人生就像流水一样奔腾不息。

## 严师高徒

时间悄悄在脸上刻下了痕迹，身体的状况也在时间的侵袭下变得不如从前。但崔立刚很乐观，很开朗，即使他的眼睛开始花了。虽然花眼意味着衰老，但是崔立刚的衰老却是一场令人敬佩的"舞台演出"。他曾无数次认真细致地观察各个工件，无数个夜晚挑灯学习，过度地使用眼睛，他认为这一切都是值得的。崔立刚觉得这都不算什么，做这一行需要注意力高度集中，就得不停地盯着机器，看着工件，不能出现丝毫差错。他的这种精神也深深地感染着他的学生。谈起学生，崔立刚脸上露出微笑。

采访者：谈到学生，发现你笑得很开心。

崔立刚：我想起了一个人，他叫孙志强。

采访者：孙志强？

崔立刚：对，他在沈飞工作，是2015年"振兴杯"全国青年职业技能大赛电工赛项冠军。我大约是在2012年前后认识他的，那阵子他经常参加比赛，大比赛、小比赛他都参加。

采访者：比赛也是提高自己的一个方法。

崔立刚：对，一场比赛下来能收获不少。那时候我是实习厂的厂长，经常组织比赛。他年年来参加比赛，我对他的名字特别熟悉。2015年"振兴杯"全国青年职业技能大赛之后有一个全国大赛，团市委就给参赛者安排了两个教练，其中一个就是我，负责后勤的工作，对他们进行心理疏导。另外一个是技术指导教练。

采访者：你是自谦了。

崔立刚：也不是自谦，咱们就是有啥说啥。大赛是一个平台，参赛者通过平台一点儿一点儿积累，就慢慢成长起来了。

采访者：你们之间还有联系吗？

崔立刚：当然有联系。2015年那会儿，他参加全国大赛获得了冠军，给我发了一条消息说自己夺冠了。我收到消息时甭提多高兴了，这件事到现在我都记得。

采访者：看样子你非常喜欢他。

崔立刚：他素质高，我俩一起交流过，他各方面都很优秀。现在一些大赛小赛会请他出任裁判长，省总工会有一个项目叫作"送技能到企业"，让专家到工厂进行现场指导，促进工人的技能创新。现场交流的效果非常好，工人有问题直接就能提出来。孙志强就喜欢提问题，工作能力也很强。

采访者：看样子孙志强在你心里一直都是一个好学生。

崔立刚：他确实优秀。那次参加大赛的学生大多数都挺优秀，学习都比较认真，可我还是在他们第一次训练的时候发火了。现在想想，自己年轻的时候真是冲不少学生都发过火。我在指导学生们训练的时候是非常严格的，倒不是说骂他们，就是非常严厉。

采访者：这个能理解，严师才能出高徒。

崔立刚：他们把工具摆乱了，我就说他们。都说"千里之堤，溃于蚁穴"，对待比赛就得丝毫不松懈，从工具的摆放就能看出态度。态度不认真，成绩肯定好不了。而且他们接的线，都是一个样。你的线摆在那儿，人家一看这外表，你就不能得冠军。

采访者：大家都一样，就不能脱颖而出了。

崔立刚：对。虽然我是铣工出身，但是电工的知识我也没落下。

采访者：一直学习，学无止境。

崔立刚：是这个道理。我到现在都在学习，更何况他们了。知识是越学越精。从那天开始，每次他们训练结束，我就把他们叫到办公室。

采访者：是训斥他们吗？

崔立刚：不是训斥，实际上学生们做得都挺好的。就是让他们在每次训练完后进行总结，要有反思。这样才会进步。

采访者：那你除了在技术上对他们有所指导，在赛场上，或者赛前，是如何帮助他们调整心态的呢？

崔立刚：说实话，参加一百回大赛就会有一百次紧张，我这个岁数参加大赛也会紧张。在他们入场前，我就告诉他们别着急干活儿，先把情绪稳定下来，要是心咚咚直跳，就蹲下来，缓一缓，稳定一下情绪。因为这种比赛要求参赛者从头到尾不能出错，第一步出错，那整个比赛就完了，他就没办法进行下去了。

崔立刚承认自己年轻的时候太过严格，想做得完美，在指导学生训练的时候，说过一些比较重的话，他承认自己那时候还是太年轻，若是时光倒流，虽然还会一样严格，但绝不会用那样的态度。俗话说："严师出高徒。"崔立刚的严格也着实帮助学生们提高了专业素养。老师就是这样，希望自己教过的学生个个都优秀。崔立刚希望自己教过的每一个学生都能保持学习的状态，跟上工业发展的步伐，发挥各自的特长，踏实工作，敬业奉献，在生产的过程中解决实际问题，将先进的技术传承下去并不断发扬光大。

# 精神传承

崔立刚有很多徒弟，有的徒弟是他亲自教过的，有些徒弟受他指点过，他成了许多人的老师。他曾在赛场上见过很多优秀的年轻人，看他们一个个认真的模样，他非常高兴。这种蓬勃向上的生命力，是国家发展的新鲜血液。他到现在都记得一个叫王刚的学生。谈起王刚，他毫不吝啬自己的赞美。

采访者：你和王刚是哪一年相识的？

崔立刚：我是2007年在比赛场上认识他的。2003年，我参加第一届全国职工职业技能大赛。到了第二届的时候，全国各地的人都来参赛。2006年，我就成为裁判了，跟这些参赛的人都比较熟悉。2007年我才认识王刚。

采访者：那在赛场上是他主动跟你联系的吗？

崔立刚：不能说主动，因为他那时候就已经在大企业工作了。我当时是厂长。他们带队的老师是一个工会干部。在跟他们交流的时候我就发现，学生也好，老师也好，素质都很高。在我跟王刚的带队老师交流的时候，他就在一旁听我们的讨论。说实话，到目前为止，王刚是徒弟中最令我骄傲的一个。

采访者：王刚在哪些方面让你骄傲？

崔立刚：到现在为止，这些年，他作为一名技术工人，把能拿的荣誉都拿到了——全国劳动模范、中华技能大奖等等，但是他非常低调，一点儿都没有"飘"。他的徒弟跟他一样，都很低调，可以说这是一种传承。

说起王刚的徒弟，崔立刚想起了一个叫吴学文的人。吴学文比王刚大3岁，却是王刚的徒弟，见面总是称崔立刚为"师爷"。崔立刚每次听到吴学文这样称呼自己，总会觉得不好意思。他曾经跟吴学文说过，愿意的话叫一声"老师"就足够了，可吴学文依旧这样叫。崔立刚知道"师爷"这个称呼是一份尊重，不能代表技术的高低。他觉得他们这一行的关系跟古代师徒一样，师傅教会徒弟，徒弟教会自己的徒弟，这样一代一代传承下去，从徒弟的表现就能看到师傅什么样。崔立刚跟王刚很像，带徒弟首先看一个人的人品，接着他又说起了他跟王刚之间的事。

崔立刚：我在看他们训练的时候，就发现他加工的工件精度特别高，尺寸控制得特别精确，态度认真，别人有问题问他，他二话不说就告诉对方怎么解决，从不藏着掖着。我开始收他为徒的时候，没想那么多，他智商不低，人品也非常好，我就这样成了他的师傅。

采访者：有句话讲"先学会做人，再学会做事"。

崔立刚：对，就是这样。我是老师出身，从丰田金杯技校毕业到现在，教过很多学生。我带过的选手都管我叫"师傅"，在工厂里也是这么叫。我带他们去各处比赛，不求他们对我感恩，只希望他们将来不论在哪儿，都能保持职业操守，这也是一种传承吧。

采访者：保持职业操守，努力敬业奉献。

崔立刚：说得没错。这话用在王刚身上正合适。2008年"振兴杯"全国青年职业技能大赛的时候，我35岁。王刚他们白天训练很累，我就拜托早去的老师和保卫处的人帮我看看训练的学生偷不偷懒。保卫处的人就跟我说一个个子挺高的男生从白天到晚上一直在学校看书。之后，我就半夜给这些训练的学生打电话。

采访者：半夜打电话？

崔立刚：对，就是半夜打电话，在电话里就能听出他们的语气不一样，正在学习的说话声底气比较足，被吵醒的说话声比较懒散。我对王刚很放心，没给他打过电话。

采访者：你对学生真是细心。

崔立刚：我就是希望学生认真对待比赛，能取得好成绩。

由学生到师傅，由师傅成师爷，崔立刚没有过多提及别人，他的学生太多了，若是挨个儿讲一遍会是一个浩大的工程。不论怎样，他都希望他的学生能开心快乐，能贡献自己的力量，把踏实敬业的精神一代一代传下去。崔立刚经常以王刚为傲，他希望通过师徒的齐心努力，为企业培养更多的技能人才，为祖国发展贡献一份力量。

# 师徒故事

王刚是航空工业沈飞数控加工厂王刚班班长，航空工业首席技能专家，曾获得中华技能大奖、全国劳动模范、央企楷模、中国质量奖提名奖等荣誉。

航空报国是航空人的使命与担当，二十多年来，王刚为了航空事业甘愿奉献，敢于担当。他以高度的责任感和满腔的热情，付出了超出常人的努力，在本职岗位上刻苦钻研、开拓创新，练就了扎实过硬的专业技能，解决了很多生产技术难题。他还无私地传艺，发光发热。高手云集的王刚班是全国优秀班组集体，它被誉为"生产线上的120"，培养了大批的优秀人才，为航空工业的发展作出了突出贡献。

王刚一直以来在工作上都高度专注。他掌握了一系列航空零件高精加工的独到技术，从一名普通的技术工人成长为航空工业的首席技能专家，他还凭借精湛技艺两次夺得全国技能大赛的冠军，成了专业领域的权威。他先后多次参与国家重要项目，完成了大量的首件试制加工，解决了大量的生产技术难题；由他创造的0.005mm以上的铣削加工精度，0.002mm的铰削、镗削加工精度以及最小壁厚0.1mm以下的薄壁件铣削加工技术都处于行业最高水平；他始终把产品质量放在第一位，对每一件产品都如同加工艺术品一样精雕细琢，他保持了连续加工无废品的行业最优纪录，累计进行了千余项技术革新和生产改进，获得了多项国家专利，为我国航空装备跨代发展作出了贡献。

进入沈飞公司后，工作再忙王刚也没有放松学习，他几乎把所有的业余时间都用在了学习上，书店是他最喜欢去的地方，他每次去都有收获。一次，王刚像往常一样在机械加工类图书里找寻需要的书籍时，发现了一本全国大赛的竞赛试题解析书，这里面不仅有细节分析，还有配套的视频教学，做讲解示范的正是全国铣工高手崔立刚。王刚如获至宝立马把这本书买了下来，他心急火燎地跑回住处，开始反复观看光盘，仔细琢磨崔立刚老师的讲解和独到的加工过程。经过几天的学习，王刚收获颇丰，他记下了很多笔记，觉得自己应该向崔老师好好学习，他下定决心要吃透工艺方案和操作技术。

2007年，王刚第一次参加沈阳市技能竞赛，第一次来到丰田金杯技校。来到赛场上，他一眼就认出了人群中的崔立刚。崔立刚正好在组织比赛，王刚赶紧上前打招呼。比赛过程中，崔立刚发现王刚的操作技法纯熟稳重，觉得这是个非常值得培养的年轻人，他暗自点头。这次见面两人都给对方留下了深刻的印象，从此两人结成师徒，此后王刚一有机会就和崔立刚探讨加工技术，崔立刚则毫无保留地把自身所学都拿出来分享。

2008年，第四届"振兴杯"全国青年职业技能大赛选拔赛逐级进行，王刚从众多选手中脱颖而出一路进入决赛。在训练期间，崔立刚作为省队的主教练，对待王刚和其他几个选手一视同仁，训练要求也极为严格。崔立刚每天陪同选手一起训练，经常关心大家的训练情况和身体状况。在崔立刚的指导下，大家进步都很快，操作水平大幅提升。

王刚在训练过程中一直保持着较好的成绩，加工工件水平也较为稳定，但是成绩提高较慢，崔立刚看到后很担忧，觉得有必要"刺激"一下这个自己寄予厚望的徒弟，他从自己的工具箱中拿出来一个盒子，盒子里装的是一个油封的配合工件，它拥有完美的外观和精准的配合。王刚拿到手上立刻被这种顶尖的技艺惊到了。崔立刚慢慢讲述这个工件的来历，这是他年轻时在日本交流学习时的一个作品，他一直珍藏到现在。王刚看到这个作品，知道自己还需向前走，明白学习技术永无止境，对待技术不能有丝毫的骄傲和松懈。从此以后，王刚的技术突飞猛进，以绝对的优势夺得了他的第一个全国大赛冠军。

2010年，沈飞公司第一个以员工名字命名的班组——王刚班成立，王刚带着团队一起提升技能。崔立刚看到徒弟带着团队一同进步，也主动为王刚班的成员传道授业。几年间，在师徒二人共同努力下，王刚班的成员连续十几次夺得各级技能大赛的冠军，王刚班成了名副其实的"高手团队"。

以下是崔立刚的同学和徒弟回忆崔立刚的片段：

# 忆我的同学崔立刚

丰田金杯技校首届铣工班毕业生　侯放

上周末，我又去了我的好同学、好朋友崔立刚家请教工作上的问题，一进门就看见他在整理满地的书籍。我好奇地看了一下，都是专业的书籍，再仔细一看，竟然还有我们学生时代学习的教科书，这让我不禁既感慨又好奇。我蹲下身来问他："这么多年（30年）了怎么还保留着当年的教材？是情怀促使你留下它们，还是其他原因呢？这些教材放到现在是不是已经没用了？"他对我说："情怀肯定是有的，这些教材看似年代久了点儿，可不能说随着时代和设备的更新就都没有用了，当年的一些理论知识可以对现代的生产技术理论起到一个辅助和类比的作用。在一些特型产品的加工上还是有用的。"老同学的一席话让我满心佩服，同时勾起了我对学生时代的回忆。

现如今回头看，那时距今已有 30 个年头，那是充满美好回忆的青春。我们一起在丰田金杯技校的铣工班读书，他当年就非常认真努力，不论是理论课还是实习课，他很快就能得到老师和同学们的认可，被选为最重要的课代表——机械制造课代表。

　　就像我们常说的那样，人不会无缘无故成功，他有今天的成绩和他当年在学习上的刻苦用功是分不开的！到现在我还记得与崔立刚一起读书的每一个场景。那年我们只有十六七岁，对机械制造这个行业完全陌生，一切的学习都是从零起步，非常吃力。他如果在理论课上有听不明白的地方，有理解不了或理解不透彻的理论知识，就及时地向老师虚心请教，向明白的同学请教，是真正的勤奋好学。他也有一定的天赋能做到融会贯通。他自己学会了也经常帮助别人解决问题，对方一遍听不明白，他就会多讲几遍，从不急躁，直到对方学会为止。

　　在技校学习的第二年，学校有了宿舍，我们幸运地被分到了一个寝室。我们本就是好朋友，他在上铺，我在下铺，我还记得他坐在床上看见我拎着行李进入寝室时的惊讶表情，偶尔一想就会止不住地笑。我们一起生活了一段时间，我发现了他的一些小秘密。我们的寝室每天晚上9点就会熄灯，刚开始的时候我没有注意，一次我夜间起床上洗手间，回到寝室时发现上铺有微弱的光亮。我抑制不住自己的好奇心，就蹑手蹑脚地走上前去，掀开他的被子一角，发现他跪在床上，一手拿着书，一手握着手电筒在看书。当时我以为他在看小说，就轻轻地咳嗽了一声，小声说道："看啥呢？这么入迷！看完借我看看。"他腼腆地朝我笑了一下，把书合起来露出封面，我当时几乎惊掉了下巴，原来他读的不是小说而是《机械制图》……我以为他是遇到不会的难题不好意思问我，就拍了拍胸脯，自信地说："今天哪里没听懂？我来告诉你。"我把手伸了进去，一把抓住书角把它拽了出来。我扫了一眼才发现他看的内容是明天要讲的新课程，我张大嘴巴，一时说不出话来，尴尬得不得了。他摸着头，冲我笑了笑，非常谦虚地说："笨鸟先飞嘛，我提前看一看，万一明天听不懂咋整。"

从那以后我开始慢慢明白他为什么一直名列前茅，他的资质不是我们班最高的，入学成绩也不是最好的，但他一定是最努力的那一个！住进寝室后，在周末放假的时候同学们总是聚在一起。大家都很放松，基本都是从白天玩到黑夜。他跟别人不一样，会适度地参加聚会，剩下的时间会回到寝室读书、做笔记和背知识点。他一直坚持着，以往我感受不到什么叫"温故而知新"，认识他之后，我就体会到了。他总会力求做得完美，特别是机械制造这一科目。他是我们的课代表，他知道许多人都在关注着他，身为课代表必须学习好，他确实做到了。机械制造和机械制图这两门课他学得特别好，我那时就觉得未来他在机械制造方面一定会做出成绩。可以负责任地说，大多数同学在毕业工作两年乃至三年后才能达到他当年在学校时的水平。我非常佩服他。

在实习课上，我们这些十六七岁的毛孩子看什么都是新鲜的，看什么也都是陌生的。那个年代，我们学校就非常重视培养动手能力，实习课早在我们刚入校的第二周就安排上了（我们当年是一周学习理论，一周去工厂实习）。对于这种安排，所有人都有些措手不及，尤其是要把上周的理论知识融入本周的实践中，很多同学都走了弯路，而他总是谋定而后动。他不是第一个动手加工的，通常别人开始加工时，他还在那儿仔细地察看图纸。他跟我说过，做工件不能着急，需要先把上周的理论知识从头脑里调出来，待厘清思路及加工途径后才能开始行动。他不紧不慢，总是发挥得很好，所以他的成绩总是名列前茅。初期实习培训中，有一个课题是把棒料加工成六面体，这个工件的加工对平行度和垂直度都有较高的要求，我们普遍掌握得比较吃力，合格率不高。他不惧怕困难，首先在六面体的加工实践上下功夫，后来在垫铁工具上找到了影响加工六面体质量的重要因素。我们加工的时候需要垫铁，这个垫铁是两块一起使用的，它们的等高精度会影响六面体的成品质量。

还有一件事给我留下了深刻的印象。我们在给钳工班下料时是各做各的，互不干涉，后来经过仔细观察及对流程的梳理，他建议我们每四个同学一个小组，这就大大提高了加工效率，减轻了同学们的劳动强度。因此他受到了老师和同学们的一致赞扬！时光流逝，匆匆不返，在我们一起求学的日子里，这样的例子数不胜数，有些事情我已经忘记了，可这些事我至今都记得。我非常荣幸能够成为他的同学，也非常幸运在三年的时光里与他一个寝室。我知道正是因为有着这样的刻苦学习精神，他才能在毕业的时候以优异的成绩留校，才能在日后的工作中取得那么多让人瞩目的成绩。我不嫉妒他，唯有羡慕和佩服。

毕业后，我就参加工作了，慢慢地我成了一名质检员，在长期使用一些量具后琢磨出一套自认为很高深的理论，甚至有些自鸣得意。有一次，我和他交流后才发现他对量具的理解和使用要比我懂得多，精得多、比如一把最基础的量具——卡尺，他能提出我所不知道的一些测量上的特殊用法，能够具体指出卡尺在搭配哪些量具时能发挥哪些意想不到的作用。我们又多次讨论过各种量具的使用方法，那一次交谈后我获益良多。

写到这里，我突然想起来，他不仅学习好，球也踢得好。他的球技和铣削模具一样都是慢慢磨炼出来的。他在我们班的球队里是绝对主力。总之，他是一个不论是文还是体都喜欢先动脑确定方向再去努力的人。我很庆幸自己有这样一个好同学、好朋友，这些年他一直在我身边。祝愿我这位老同学在工作中再接再厉，再获辉煌，登上人生的新高峰！最后祝我们的友谊地久天长！

2022年5月25日

# 拜师小记

徒弟　孙志强

我叫孙志强，来自沈飞公司，从事的是电工专业。我的师傅叫崔立刚。最早和师傅相识是在2011年的12月19日，那次是团市委组织市内历届全国技能大赛冠军去天津调研，我当时很荣幸以省赛第一名的身份参加了活动，有幸认识了师傅崔立刚。从他的言谈举止中我对师傅有了一个简单的了解，后来经过同行人对师傅的介绍，我开始崇拜他。我非常希望自己在成长道路上能有这样一位"技能顶尖、德行兼备"的引路人。师傅是铣工全国冠军，我当时从事的是电工专业。我学习的专业与师傅教授的专业不匹配，我没有跟师傅过多交流，我们当时并未结下师徒之缘。

那次调研中，我见到了很多冠军，他们都是我的榜样。我非常清晰地认识到技能大赛是技能人才快速成长的绿色通道。调研结束后，我开始拼命地磨炼技能，梦想自己日后也能成为像师傅那样的人。梦想需要行动来实现，我每天都会在工作之余抽出时间练习各项电工专业技能和学习理论知识。功夫不负有心人，在2015年的10月份，我终于盼来了梦寐以求的电工专业全国技能大赛。在经过沈飞公司、沈阳市、辽宁省层层选拔后，我有幸代表辽宁省进入第十一届"振兴杯"全国青年职业技能大赛维修电工赛项的决赛。站在赛场的那一刻，我觉得自己已经很幸运了。我没有想到的是团市委为了让辽宁的选手在全国的决赛中取得优异的成绩，特聘辽宁丰田金杯技师学院崔立刚老师担任我们的战术教练，又聘请专业能力特别强的吴权老师担任我们的专业教练。

我现在都还记得，在决赛前的两个月我们需要在极短的训练时间内高效、精准地在预定时间内完成两个模块的考核任务。模块一为"模拟仿真自动化生产线编程调试模块"，它的考核时间为3个小时，而我们需要用3.5个小时才能勉强完成训练。我们的比赛经验特别少，这个难题像一座大山一样矗立在众人面前，每个人都仿佛热锅上的蚂蚁一样焦急万分，又没有办法在短时间内提升技能、缩短时间。就在大家苦闷的时候，有着丰富经验的崔立刚老师来到大家面前，心平气和地说："我不太懂你们具体从事的工作内容，可从你们做工的整个过程来看，就现在来讲，如果不重新编排工艺、优化工艺流程、改善工具，结果会很不理想。人越到关键时刻越要稳住心神。你们每天这样盲目地练习，不反思不总结，训练再久也很难在短时间内得到提高。"

我们听完师傅的一番话后，犹如久旱逢甘霖，仿佛找到了主心骨，纷纷请他传授经验。经过师傅的指点，我们消除了心中的疑惑，制订了一个较为清晰的计划，眼前的大山在师傅的帮助下移走了。我们快速调整状态，与此同时，师傅每天都在观察我们训练。到了晚上师傅会听我们的小组总结，还会为我们讲解如何攻破难关，他还会为我们挑选有价值的理论题。在师傅的指导下，我们的个人技能得到了提高。每个参加比赛的人都知道，若想在比赛中取得好的成绩，单靠高超的技能是不够的，还得有过硬的心理素质。师傅早就想到了这一点，他每天都在清晨训练之初给我们讲故事活跃气氛，为我们进行心理疏导，疏导过后再带领我们进行高强度的训练。我现在都记得师傅曾经说过："每一个参加大赛的选手在比赛之初都会紧张，你们要学会适应氛围，学会打破氛围，更重要的是学会自我调整。不调整好心态就会影响全局。如果你们在比赛开始时特别紧张，要多调整呼吸，先不用着急干活儿，也不用管别人干了多少活儿。你们可以坐在工位旁，闭上眼睛，进行一个短暂的调整，等心里不慌了，立马进入竞技状态。"

师傅的精心教导给了我很大的帮助，我在整个大赛集训期间提高了自身的技能，练出了较为过硬的心理素质。在第十一届"振兴杯"全国青年职业技能大赛维修电工的决赛中，我发挥出了最好水平，最终赢得了大赛的冠军。我登上领奖台的那一刻，脑海里反复出现师傅与我们共同奋战的场景，那时候我才意识到最辛苦的不是我们，而是师傅。领奖结束后，我接到的第一个电话便是师傅的，他在电话里说了很多祝福与鼓励的话。我听得出来他非常高兴，他还叮嘱我，赛后不要光顾着放松，要记得回到生产车间尝试用学到的技能进行创新。同时，他告诉我不能松懈，要努力学习，成为别人的榜样。

2016年，团市委再次组织高技能人才到天津调研。我有幸和师傅分到了一个房间，也就是那次我正式拜崔立刚为师。多年来师傅一直惦记着我，他总是放心不下我。我很感动，因为我知道在师傅眼里我永远是一个孩子。师傅希望我成才，对我从不掖着藏着，我俩之间有什么就说什么。我在师傅的教导下成为航空工业集团的特级技能专家，获得了全国五一劳动奖章、全国技术能手、全国青年岗位能手和沈阳市劳动模范这些荣誉，还当选为辽宁省的政协委员。沈飞公司为我成立了劳模创新工作室，这个工作室是用我的名字命名的。我通过工作室这个平台拥有了自己的团队。这个平台在公司科研生产中起到了积极的作用，在人才培养方面也作出了突出贡献。目前，我的徒弟中有全国技能大赛冠军3人、辽宁省技能大赛冠军2人、沈阳市技能大赛冠军3人。

2022年10月